成功家教直通车

好孩子不是靠"应有……"

而是宽严相济的沟通……

宽严相济才是爱

史永帅 编著

爱

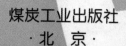

煤炭工业出版社

·北京·

图书在版编目（CIP）数据

宽严相济才是爱 / 史永帅编著 . -- 北京：煤炭工
业出版社，2014（2017.4 重印）
（成功家教直通车）
ISBN 978 - 7 - 5020 - 4525 - 8

Ⅰ. ①宽⋯　Ⅱ. ①史⋯　Ⅲ. ①家庭教育　Ⅳ. ①G78

中国版本图书馆 CIP 数据核字 (2014) 第 088829 号

煤炭工业出版社　出版
（北京市朝阳区芍药居 35 号　100029）
网址：www.cciph.com.cn
北京一鑫印务有限公司　印刷
新华书店北京发行所　发行
＊
开本 720mm×1000mm¹/₁₆　印张 13¹/₂
字数 175 千字
2014 年 8 月第 1 版　　2017 年 4 月第 2 次印刷
社内编号 7368　　定价 26.80 元

前 言

曾经读到一个父亲教育孩子的小故事：这位父亲对孩子的教育方式非常独特，他从来不会抽时间帮孩子辅导功课，亦或是检查孩子的学习情况。他所做的就是每天跟孩子聊会儿天，问孩子四个问题：

1. 今天学校里有什么好事儿发生吗？
2. 你今天有没有什么好的表现得到老师的表扬？
3. 你今天最大的收获是什么？
4. 有什么事情是需要爸爸帮助你的？

看似非常简单的四个问题，其中却蕴含着教育孩子的大道理。通过孩子对第一个问题的回答，他可以了解孩子的价值观，在孩子的眼中什么是好事儿，什么是坏事儿，一旦出现偏离正确价值观的迹象，父亲马上会给予纠正。第二个问题实际是为了激励孩子，增强孩子的自信心。第三个问题是想了解孩子这一天具体学到了什么东西。第四个问题一方面强调学习是孩子自己的事儿，同时也要让孩子明白爸爸是非常关心他的。或许在很多家长看来，这太容易做到了，但是事实证明，每天如此而且使之有效并不容易。

在教育孩子的过程中，家长如果想把孩子教育好，关键是处理好亲子关系。很多家长想当然地认为，爱孩子就是要给孩子最好的条件，让他过最好的生活。当然，给予孩子好的生活条件是每个家长的心愿，而且也在为之而努力。但是这并不能成为家长爱孩子的充分条件，更不是必要条件。因为孩子的健康成长并不是由物质堆砌出来的，它更需要父母的精神鼓励和沟通交流。实际生活中不乏家长常年在外奔波挣钱，孩子由长辈们抚养的例子，我们无权否定他们爱孩子的本心，但他们爱的方式往往不得当。例如，中国式的家长"陪读"。相信大家都了解"孟母三迁"的故事，当然这位古代女性的做法也受到了很多现代家长的推崇甚至是效仿。孟母只是寻找适合孩子学习的居所，而现在的不少家长则是一个负责挣钱，一个舍家撇业地随同孩子来外地求学，后者往往是由母亲扮演。大家可以想象一下，如果孩子只跟母亲长期生活，而得不到父亲的关爱，这样形成的人格会是健全的吗？这样的家长只是自认为非常爱孩子，但是这种做法只是一种爱的方式，并不是爱本身。

其实，教育孩子是一件非常简单的事，用苏联教育学家苏霍姆林斯基的话来说就是"伴随孩子成长"，家长需要了解孩子在每个年龄段可能出现的问题以及他们的小心思，然后以朋友的角色与他们沟通，得到他们信任，这样建立起来的亲子关系必然是健康的，更是有益于孩子身心发展的。

爱是平等的情感关系，爱是无条件让对方感受到和接纳的精神沟通。在家长对孩子表达爱的时候，千万不要采用自以为是的方式，而是在综合分析孩子自身情况的前提下以孩子可以接受的方式来爱他们。

在这本书中，我主要就中国家庭教育现状、家庭教育中可能出现的问题、家长可能犯的错误以及一些正确的家庭教育方法做出了阐述，并且配以事例来加以说明，使其更具有说服力。当然，这些"方法"并不能真正被称为方法，因为它不是万能的。在很多时候，它只能为家长提供一些思路。虽然如此，这些方法内部还是存在逻辑联系的。当你读完整部书的时候，相信你的脑海中会出现一个较为清晰的"如何成就好妈妈"的框架。

希望这本书能对家长读者们都有用。

目 录

第一章
中国家庭教育的现状

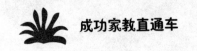
一、中国家庭教育状况的调查

随着人民生活水平的不断提高，家庭教育已经被提高到了与学校教育相同的高度。家庭教育就是在家庭生活中，由家长对其子女实施的教育。之前在经济水平还不够好的情况下，家长整天忙着工作，很多事情都需要孩子自己做，甚至有时候一些家庭琐事还让孩子来处理，这不仅锻炼了孩子的能力，而且还使他们更加了解生活的艰辛和父母的付出。当然，传统的家庭教育也是存在弊端的，很多家庭为生活所迫，孩子根本没条件学习。在现代条件下，家长的"成龙"、"成凤"情结非常严重，他们每天想的就是如何才能让孩子有最好的学习、生活条件和受教育环境，而忽视了孩子本身的条件。在中国家长的簇拥之下出现了一系列的中国家庭教育模式，如中国式过马路、中国式接送等。

2012年10月，重庆市教育科学研究院发布了一份中小学生家庭教育状况的报告，其中涉及中国式家庭教育的很多问题，如追捧"棍棒"教育；父母与孩子沟通少而导致冷暴力成为家常便饭；教育投资强调金钱投资，而忽视了情感投资。

下面是重庆市教育科学研究院家庭教育研究中心所发布的《重庆市中小学生家庭教育发展报告》调查结果发布会综述内容，有删节：

调查问卷的研制及结构情况

2011年9月，重庆市教科院家庭教育研究中心开始研制"重庆市中小学生家庭教育发展现状调查问卷"，10月由重庆市教科院发文全面启动调查工作。

本次调查采用问卷调查法，各区县教研机构负责组织本区县的调查活动，由心理健康教研员具体实施，学生家长填答。调查问卷由"重庆市学习型家庭创建策略研究"课题组根据全国妇联于2009年10月至2010年4月组织开展的"中国和谐家庭建设状况调查"的相关要求和全国各地开展的家庭教育现状调查的情况，结合北大教育与人力资本研究所"家长教育与人才成长"课题组于2011年4月开展的"中国家庭教育现状调查"问卷研制而成。

调查内容主要分为家庭自然状况和家庭教育状况两大指标，其中家庭自然情况主要反映学生家长的文化水平、就业状况、婚姻状况、家庭结构、家庭成员关系等家庭教育环境；家庭教育情况主要调查家长的教育观念、亲子关系、沟通交流方式、日常教育方法、孩子的学习情况和自我管理能力、家长自身素质的提升和家庭教育需求等，整个调查问卷共50道题。

（一）样本基本情况

本次调查以重庆市小学、初中、高中阶段的学生家庭为调查对象，采用分层抽样的方法，在全市38个区县中，按城市和农村随机抽取小学、初中、高中各1所，加上市教委直属中小学共有237所学校的学生家长参与调查，具体讲，在参与调查的学校中，小学2、4、6年级，初中和高中各年级均抽取20名学生家长作为直接调查样本。本次调查共发出问卷7000份，调查结束时，回收问卷6001份，剔除选答无效、缺失等问卷，原始数据包中的有效问卷共计5081份，有效回收率为72.6%。

被调查的学生家庭中，从学校类别来看，小学生家庭2305户，占总样本的45.4%；初中学生家庭1912户，占37.6%；高中学生家庭864户，占17.0%。从地域分布来看，持城市（含县城，下同）户口的有3057户，占总样本的60.2%；持农村户口的有2024户，占39.8%。从被调查家长的性别来看，男性家长2372人，占总样本的46.7%，女性家长2709人，占53.3%。从民族分类来看，汉族家庭4437户，占总样本的87.3%；少数民族家庭644户，占12.7%。

（二）调查结果总述

1. 全市中小学生家庭结构总体合理，家庭成员关系正常，家庭教育环境比较优良

90.0%的中小学生生活在父母为原配婚姻的家庭，56.3%的孩子经常与父母住在一起，核心家庭占主导地位；只有24.2%的孩子平时主要与父母和爷爷奶奶（或外公外婆）住在一起，三代同堂家庭已大大减少；平时直接由父母承担孩子教育工作的占40.7%，且直接由母亲承担孩子教育工作的比例高于父亲；由隔代亲人教育孩子的也占一定比例，尤其是在农村，占11.0%；独生子女家庭占61.3%，其中城市的该项比例远远高于农村；有两个以上孩子（含两个）的家庭占38.7%，其中农村的该项比例远远高于城市；中小学生父母的文化程度普遍提高，大专以上学历的人数比例接近一半；38.6%的中小学生家庭经济普遍处于1000～3000元的中等收入水平；家庭开支中用于教育方面的消费位居第一，占35.2%。

2. 绝大多数家长都非常关心孩子的健康成长，家庭教育意识较强

36.8%的家长迫切要求得到家庭子女教育方面的咨询服务；94.8%的家长认为孩子的教育应由学校和家庭共同配合，且城乡比例差别不大；86.6%的家长赞同教育孩子的过程中，父母必须以身作则，言传身教。

3. 绝大多数中小学生家长主动关心孩子，孩子与父母的关系基本正常，亲子关系和睦

57.8%的家长表示孩子与父母之间能够经常保持正常的沟通交流，相互理解和相互尊重，绝大多数父母也能够主动关心孩子，积极培养良好的亲子关系；97.4%的家长认为父母在孩子面前既要保持权威性，又要建立朋友关系；当孩子碰到困难时，93.4%的孩子首先求助的是他们的父母，说明家庭是孩子依赖的主要场所，父母是孩子依赖的主要对象；83.8%的父母认为孩子爱自己，家庭亲子关系比较巩固。

4. 家庭沟通交流渠道基本通畅，孩子与父母之间的代沟逐渐缩小，家庭教育环境比较优良

50.2%的家长能够做到经常与孩子交流谈心，只有4.3%的家长从不与孩子交流，其中农村略微高出城市4.7个百分点；52.0%的家长表示一般采用闲聊的方式和孩子沟通和交流，采用正式谈话的家庭占35.1%；33.9%的家长表示和孩子之间谈得最多的话题是孩子的学习。

5. 家长教育孩子的方式方法比较合理，教育内容也比较理性，但也有部分家长比较放任自己的孩子

家长普遍采用"表扬鼓励"、"耐心说理"等方法教育孩子，比例为49.1%，也有14.8%的家长采用"适当惩罚"的方法；当前的家庭还普遍存在"打孩子"的现象，虽然有35.2%的家长认为"教育孩子，不能采取打的方式"，但却有64.1%的家长认为可以采取"打"和"吓唬"的方式；33.2%的家长认为应该首先"培养孩子的生活自理能力和自学能力，养成良好的习惯"，认为家庭教育的首要任务应该是"帮助孩子提高学习成绩，只要能考上一个好学校就行"的家长仅占6.6%。

6. 大部分家长主动参与孩子的教育工作，积极关心孩子在校的学习情况，努力为孩子营造良好的学习环境

近半数的家长（46.2%）仍以看孩子考试成绩的方式了解孩子的学习情况，61.5%的家长对孩子的学习成绩并不满意；当发现孩子学习成绩下降时，83.6%的家长能够主动帮助孩子寻找学习成绩下降的原因，但也有3.6%的家长采取不闻不问的态度；孩子在参加一些重要的考试之前，61.0%的家长会给孩子减压，建议孩子放松，说明从心理上主动关心孩子已成为家长帮助孩子提高学习效率的重要方法。

7. 关注孩子的自我管理能力，培养孩子的健康习惯，已成为绝大多数家长教育孩子的共识

家长普遍认为孩子自我管理能力的培养非常重要，85.9%的家长能够积极主动培养孩子的生活自理能力，只有0.7%的家长对孩子生活自理能力的培养抱"无所谓"的态度；93.0%的中小学生一般都能参与家务劳动，但缺乏主动性和积极性。也有2.9%的孩子"从不参加"；大多数家庭明确规定了孩子在家上网、看电视的时间，但能够执行的孩子只占49.6%。

8. 家长普遍缺乏家庭教育知识和技能，渴望提高家庭成员的家庭教育水平

"不知道怎样教育孩子"、"没有时间教育孩子"、"教育孩子的意见经常不一致"是家长实施家庭教育的最大烦恼，三项合计比例高达92.3%，完全有能力教育孩子的家长只占极少数；91.7%的家长愿意提高自身的家庭教育水平，学习如

何培养孩子做人做事等方面的知识成为家长的最大需求；目前多数家长认为学习提高的途径太少，49.8%的家长都是通过看书自学的方式学习家庭教育知识，但有90.6%的家长表示愿意参加系统的"家长课程"学习。

虽然这只是重庆中小学生家庭教育情况的相关调查，但是它也从侧面反映了全国家庭教育中存在的很多问题。

例如，隔代教育比例仍然过大。很多年轻的上班族家长认为每天朝九晚五的日子特别辛苦，而且一旦工作忙起来根本没有时间照顾孩子，更没有时间耐心地教育他们。所以，这些家长就把孩子交给祖辈来照管，不仅省掉了送托儿所的开支，而且还不必担心孩子的安危，同时作为过来人的长辈可以帮助自己解决很多在教育孩子方面出现的问题。纵然，这对于家长来说是件好事，但是我们也必须重视它所产生的消极影响。大部分老人都对孙子们采取溺爱的方式，这容易培养出一个自私自利、无理取闹的孩子。另外，祖辈们年事已高，在教育孩子的过程中，他们会在无意之中把老人思维方式和生活习惯传给孩子，这容易让孩子"少年老成"，失去孩子应有的乐趣，对成长也是不利的。所以，只要情况允许，家长要亲自教育孩子，隔代教育只能是一个补充。

另外，很多家长仍然只关注孩子的学习成绩。不可否认，家长们有急切的"望子成龙、望女成凤"的心态。他们希望孩子接受好的教育，学习更多的知识，将来考上一所好大学，找到一份好工作。其实，这种想法无可厚非，学习成绩在一定程度上代表了智商，但也不能忽视对孩子的情感教育，因为情商更重要，也就是人格培养也不容忽视。授予知识是有价之物，开发智力是无价之宝，提高情商是决定人生成功的关键。而在孩子情商的培养中，家长起着至关重要的作用。所以，家长与孩子在提及学习的基础上可交流很多方面，如孩子在学校中的人际关系、孩子的兴趣爱好、解决困难的办法等。这些都直接关系着日后孩子所形成的人格是否健全。

形象点儿来说，家长教育孩子的过程如同建筑工人建造大楼的过程，只是其设计者分别是"家长"和"工程师"，一旦出现什么根本性的错误，这栋大楼会坍塌，而孩子也将只会得到一个失败的人生。所以家长一定要明白自己对孩子教育的重要性，在学习中不断完善自我，努力成为最好的父母。

二、父母在家庭教育中的角色

在中国式的家庭教育中，家长扮演着多种角色。我们可以简单看一下现在家长所充当的角色：

○ 监工

在孩子放学回家之后，家长用那双锐利的眼睛盯着孩子，看看他有没有认真写作业，有没有偷懒，有没有做与学习无关的事情。一旦没有达到自己的期望和要求，就大声呵斥，甚至是打骂孩子。相信在这种情况下学习的孩子是异常痛苦的。

○ 上级

在现代社会中，与其说家长与孩子是亲人的关系，倒不如说是上下级的关系。在一些家长眼中，孩子就是自己的附属品，他们规定孩子应该干什么，不应该做什么，如同上级对下级下命令一般。如果违背了家长的"命令"，孩子就要受到惩罚。当然，孩子基本上也不会违反，因为从小就对作为领导的家长产生了畏惧心理，即使内心有多么的不愿意，孩子也不会表达出来，只是无条件地执行。久而久之，随着年龄的不断增大，孩子内心的"苦"就会爆发出来，叛逆心越来越重。

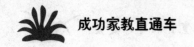
○ 提款机

随着家庭经济水平的不断提高，很多家庭不仅迈向了小康，而且生活富裕。家长在孩子身上出手越来越大方，无论是饮食起居还是学习娱乐，他们都尽力提供最好的。在这些家长看来，只要孩子成绩好，他们想要什么就给他们买什么，想要多少钱都可以。这样就容易让孩子形成凡事都能用钱解决的思想，对钱无法形成正确的认识。

○ 课外辅导老师

在孩子写作业的时候，家长就会陪在身边，随时准备为孩子解疑答惑。在完成作业之后，家长开始帮着检查，一旦发现错误就让孩子改过来。甚至还有一些"用心"的家长与孩子一起背课文、做奥数、学英语。他们只是希望在没有老师的情况下自己也可以很好地辅导孩子。的确，这些家长为孩子学习付出了很大的精力，不仅要做好自己的本职工作，还要承担起做孩子课外辅导老师的责任。他们还会买很多课外练习书，在孩子做完老师布置的作业之后再给他们布置家长作业，这就导致孩子没有了玩耍的时间。在孩子了解家长的心思之后，为了能少做作业，他们只好慢慢写老师布置的作业，学习积极性也受到损害。可见，家长扮演老师的角色需要避免过犹不及。

○ 医生

关于父母的医生角色，马悦凌曾经写过一本名为《父母是孩子最好的医生》的书，书中讲述了父母在家庭生活中如何培养健康的孩子。然而，健康并不仅仅是指身体健康，在残酷的社会现实环境中，心理健康更重要。事实上，很多家长已经意识到了这一点，不仅在饮食上给孩子充足的营养，保证孩子身体强壮，而且还带他们参加体育锻炼。同时，家长也开始关注孩子的心理健康，有的甚至还学心理学，只为能成为孩子的心理医生。这样的父母令人敬佩。

○ 朋友

朋友之间往往可以做到平等、包容、信任和理解。为了能更好地了解孩子的所思所想，找到教育孩子的最好方法，家长应当努力成为孩子的朋友。在这种平等的家庭气氛下，为孩子创造更好的成长环境。但这种朋友关系也是有尺度的，千万不能出现孩子什么事情都做主的情况，而是双方共同商量。如果孩子犯错误了，家长应该在了解情况的基础上对孩子适当批评，最重要的是以理服人。与孩子做朋友的家长不会感觉到代沟的苦恼。

○ 啦啦队队员

众所周知，在赛场上，啦啦队往往能成为一道亮丽的风景线。他们不仅能为观众带来快乐，更重要的是可以鼓励场上的每一位参赛者。孩子就如同参赛选手一样，面临着一次又一次的挑战和比赛。家长应甘愿成为啦啦队队员。在孩子伤心的时候，家长应安慰和鼓励；在孩子取得成绩的时候，家长要表扬，也要鼓励。相信在鼓励下，孩子能逐渐形成健全的人格，做到遇事沉着冷静、不灰心、不丧气。

以上是家长在孩子教育中经常扮演的几种角色。但是，其中的一些角色定位是错误的，如监工、上级或者是提款机；一些角色是需要家长把握尺度的，如课外辅导老师；而一些角色是鼓励家长扮演的，如医生、朋友、啦啦队队员。总之，家长必须以适合孩子成长的角色出现，千万不要出现"错位"或者是"缺位"的情况。所谓"错位"是指家长做了许多不应该做的事情，虽然劳力劳心，但没有任何成效，反而阻碍了孩子的正常发展；而"缺位"是指家长在孩子成长过程中没有提供及时和到位的帮助，影响了孩子责任感和自信心的建立，影响孩子身心健康。因此，家长一定要根据孩子的具体情况扮演不同的而且有利于孩子健康发展的角色。

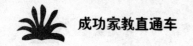

三、家庭教育中的"陷阱"

在孩子成长过程中，家庭教育的缺失或者不当都会影响孩子的健康成长。如果教育违背了孩子发展的客观规律，不仅不能为孩子的发展带来好处，而且还可能把孩子推向社会的边缘。如果情况严重的话还可能导致家庭悲剧的发生。所以，如何正确教育孩子已经成为众多家长亟须思考的问题。当然，在找到解决方法之前，首先要避免家庭教育中所出现的一系列"陷阱"。

○ 攀比成风

在 2011 年 2 月 15 日，人民网《江南时报》中提到了一个孩子的困惑："我妈妈常教育我不要跟同学攀比，但是她自己却总爱拿我和别人比，舅舅的女儿数学好，同事的儿子书法作品常得奖，有时甚至因为觉得我没他们优秀而生气。"这种现象在中国非常普遍。中国的父母都非常爱孩子，同时也非常爱面子。思想中所存在的"别人家的孩子"经常让他们失去自我，别人家孩子有的东西，自己也给孩子买上，所以在同样条件下，别人家孩子做到的也要求自己孩子必须做到。这种做法带来的严重后果就是孩子自卑、没有自信心，在遇到困难的时候往往不知所措。所以，家长应当以平常心对待孩子的成长。每一个孩子都是独立的个体，同时也有自己的长处和兴趣爱好，家长应对他们的这种差异性表示尊重，用一种孩子可以接受的方式去鼓励他们，以免给孩子造成过重的心理负担而影响孩子人格的发展。

○ 有条件的爱

作为父母对孩子有着无私的爱，但是在很多时候，家长对孩子的爱是有条件的。当家长为孩子提供丰厚的物质条件时，他们就会希望孩子以优异的成绩来回报他们，看似合理，却从侧面反映出了家长的私心。对孩子好被看作是一种投资，而作为投资人的家长希望有丰厚的"收益"，或者是通过孩子来实现自己心中的理想。这种做法让孩子特别反感，他们认为父母的爱都是有条件的，如果达不到父母的要求就会被训斥，严重的时候还要挨打。因此，很多孩子都不敢轻易接受父母过多的给予，因为害怕"还不起"。

同时还存在这样一种情况，有些家长为了能督促孩子好好学习，会承诺"只要这次考得好，就给孩子买他想要的东西"。为了能得到自己想要的东西，孩子会使出浑身解数来拼命学习，成绩肯定会有进步。事实证明，这种方法对孩子进步起到了很好的作用。但是，我们也应当认识到这种方式的局限性。这并不是一个长久之计。可以想象一下，如果父母没有奖励的承诺，孩子还会心甘情愿地努力学习吗？

○ 输不起的心态

现在很多家庭都是独生子女。在很多家长看来，孩子是独一无二、不可替代的，所以就应该把最好的给他。什么家务也不让孩子做，什么苦也不让他吃，生怕孩子受一点儿委屈，在这种家庭环境中成长起来的孩子根本无力解决任何问题。正是在这种输不起的心态下，没有生活自理能力、遇事逃避的孩子越来越多，由于缺少日常生活的磨炼和锻炼，他们无法建立自信心，对父母有很大的依赖性。

家长应当记住除了生命无法来第二次，很多事情都可以重来。孩子不是家长的全部，而且家长也无法陪孩子一辈子，因此很多事情都应当让孩子自己去做，即使失败了，也可以帮助他们重来，相信在这个过程中，孩子可以学会独立自强，真正能有所作为。

○ "教育"等于"不许"

当谈到如何教育孩子的时候，很多家长的第一反应就是用"允许"和"不许"来界定。在父母眼中，能够按照自己要求做的孩子就是可以好好教育的孩子，那些有自己想法、不按照父母要求做的孩子往往被认为是难以管教的孩子，被贴上

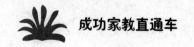

"坏孩子"的标签。

○ "批评管教"就是"打骂"

在家庭教育中，父母需要关心和爱护孩子，同时也需要严格要求孩子。但是当孩子犯了错误，批评也是必需的，否则孩子根本认识不到自己的错误所在。每个人都会犯错，人也是在犯错中逐步成长起来的。作为家长，不应当纵容或者是放纵孩子，而管教的方式也不只"打"和"骂"两种方式。打骂是暴力行为，只会对孩子身心健康产生不利影响。在孩子犯错之后，家长应当帮助孩子找到错误产生的原因，并找出解决办法，而且要给他重新改过的机会。

○ 关爱等于溺爱

在爱孩子方面，中国父母可以称得上是楷模，特别是很多家长经历过困苦生活之后一定会想方设法避免孩子跟自己有相同的遭遇，对孩子做到有求必应，而且尽自己最大的努力为孩子提供丰厚的物质条件。在父母如此程度的关爱下，很多孩子逐渐成为"小皇帝"、"小霸王"，他们凡事以自我为中心，不懂得关心和帮助他人，缺乏社会责任感，甚至无法与他人合作。这些情况如果得不到及时改正，他们根本无法适应社会，更无法融入到社会生活中。当然，孩子的成长离不开父母的关爱，但是一旦朝溺爱方向发展，孩子的心理就容易扭曲，这为孩子的成长埋下了隐患。

○ 重言教，轻身教

一提到孩子教育，很多家长虽然说得头头是道，但是仍然面临着很多教育困惑。这是什么原因呢？其实，如果这些家长真正地用心里所明白的道理来教育孩子，相信孩子想不成才都难。当然，能够认识到言语教育的家长也是很好的，他们相信只要自己不停地说，孩子就能记在心里。但是，这种教育方式忽略了家长以身作则的重要性。殊不知孩子最擅长的就是模仿，家长的言行都被孩子铭记在心，而且也会照他们做的去做，所以，家长对孩子提出要求并让他们遵守的前提是自己已经做到了，否则言传不仅起不到任何作用，而且还能引起孩子的抱怨心理："你自己都做不到，凭什么要求我？"所以，"重言教，轻身教"的教育方式是非常可怕的。

○ 成绩好的孩子才是好孩子

当被问道"什么样的孩子才是好孩子"时，相信不同的人有不同的答案。"好"与"坏"是对一个人品行的判断。通常好孩子需要具备几项素质：学习好、品德好、乐观、积极向上、善良、有健全的人格……那如果问"除了学习不好，其他什么方面都好的孩子算是好孩子吗"，相信很多家长就产生犹豫了。他们内心特别矛盾，既希望孩子成绩优异，同时也希望孩子是好人。当然这个目标是可以达到的。但是，当孩子成绩较差的时候，很多家长就会恶语相评，如"你太笨了"、"丢死人了"、"你整天在想什么"、"你算不上好孩子，因为好孩子一定成绩很好"……如果你是孩子，你听到会有什么感觉？成绩不好本身就已经让孩子很苦恼了，如果家长再一再埋怨和不理解，他该怎么过呢？因此，家长在成绩面前一定要保持冷静，在批评方式的选择上也要换位思考，千万不可武断下结论。否则会严重打击孩子的积极性和自信心，甚至还导致孩子产生心理阴影。

当然，这些教育陷阱并不是在每个家庭中都存在，但是也具有普遍性。它们能给家长起到很好的警示作用。家长在关注孩子身体发育的同时，绝对不能忽视孩子的心理发展。因为只有心理健康的人才能真正算得上是健全的人。孩子心理健康需要家长的努力和参与，特别是日常生活中的鼓励与协调，否则前途堪忧，甚至对命运产生决定性的影响。

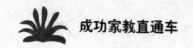
四、父母角色缺失酿成的悲剧

在中国，因为父母角色缺失而导致家庭悲剧的案例可谓是数不胜数，在这里简单举例来说明。

案例1：2011年8月某市发生了一起令世人悲叹的家庭悲剧。

当时只有16岁的女儿小薇因为向妈妈阿红要6000元买苹果电脑，遭到拒绝后，与阿红打斗。阿红一怒之下把女儿绊倒压住，不慎却把她给捂死了。随后，阿红马上报警，经过法医鉴定，小薇属于机械性窒息死亡。

原来，这起悲剧并不是偶然的，在很大程度上存在必然性。据阿红回忆，在要钱买苹果电脑之前，小薇的很多举动都让她苦不堪言。有一天，学校里要求交照片办理学生一卡通，阿红就说带着小薇到照相馆照相。但是小薇却以各种理由推辞不到外面去，而且要求妈妈阿红把摄影师请到自己家里来，阿红实在无能为力，所以二人发生了冲突。在冲突过后，小薇以妈妈与她吵架浪费了时间为由，要求妈妈赔偿她900元的时间损失费。

第二天，等阿红下班回来，小薇就跟在屁股后面要那900元钱。阿红没有搭理她，妈妈的这一举动瞬间惹怒了小薇，她随即就把沙发上的方枕仍在地上。阿红看到女儿又开始找茬儿，随即就把自己看过她银行卡的事情说漏了嘴："我看你卡里还有不少钱呢，我都比不上你有钱。"听到妈妈查看了自己的银行卡，小薇非常愤怒，于是要求阿红再给一部分的窥看隐私费。时间损失费加上窥看隐私费正好可以买一台苹果电脑。

看到女儿整天这样无休止地要钱，今天这个费，明天那个费，弄得阿红都不知道如何做了，所以断然拒绝小薇时间损失费和窥看隐私费的赔偿要求。拒绝的结果必然是两人再次争吵。在争吵过程中，任性的小薇甚至还甩手扇了妈妈两个耳光。看到这样做也没有使妈妈妥协，就顺手拿起了茶几上的水果刀，扬言如果再不给她钱，就把阿红砍死。此时的阿红感觉女儿已经疯了，如果再不制止，小薇什么事情都可能做得出来。于是，阿红就站起来从后面抱住女儿，然后把她绊倒在地。小薇倒地之后，脸正好贴在了地上的方枕上，于是阿红就跨在小薇的背上，虽然小薇已经无法动弹了，但是嘴里还在辱骂着阿红。

此时的阿红再也忍无可忍了，她按住小薇的头，要求其别再骂了，随着女儿的声音越来越小，阿红才反应过来，立即松开了手。随即，阿红就报警了，而且让出门在外的丈夫赶快回家。虽然自己也尝试着去挽救女儿，但是已经无力回天了。

那么，小薇的性格是突然变成这样的吗？当然不是。当发生这件事情之前，小薇已经是劣迹斑斑。

阿红夫妇都曾经受过高等教育，但是却不知道如何教育这个小魔头。阿红是某公司的员工，而丈夫则是一个企业干部。虽然夫妻二人工作比较稳定，但是收入并不是特别高。小薇是二人唯一的女儿，所以两人把所有的爱都倾注到了小薇身上，不管小薇有什么要求，夫妻二人都尽量满足。

小薇曾经要求阿红给她买烧烤炉，但是正好有事耽误了时间，没买成，回家之后小薇就威胁要烧房子。还有一次，小薇回家之后发现妈妈还没有做饭，于是打电话让阿红赶快回家做饭，但是紧赶慢赶还是做晚了，小薇就砸烂了电饭锅。当然，这些事例并不足以说明小薇人格的缺陷。原来，小薇并不止一次威胁要烧房子，而且还不让父母上厕所，如果想要上厕所的话，得交厕所费，一次至少500元。

与一般小孩子的要求相比，小薇的要求已经达到了"极致"。从上初中开始，阿红夫妇每月都给女儿足够的零花钱，但是不到一个月她就跑回家再要。因为她身上钱很多，所以经常被偷走，但被偷走的这些钱她要求父母给补上。这实在是让爱她的父母苦不堪言。

那么，小薇拿的这么多钱都花到哪里去了呢？阿红根本就不知道。正值叛逆期的女儿一再提出无理的要求，如果得不到满足，就辱骂、威胁，甚至是殴打父母，有时候还寻衅滋事，一旦遭到父母的反驳和呵斥，就要得到一定的补偿费。

相信每个家长如果养了一个这样嚣张的女儿，一定会苦恼至极的。因此，小薇的死虽说是一个家庭悲剧，但是从另一层面上也给众多家长敲响了警钟，过度的溺爱儿女并不是一件好事，当儿女出现任何"反常行为"或者有"过度要求"的时候，家长不应当无作为或者是一味地满足他们，而是需要找到产生问题的原因，进而想出解决办法。

鲁迅曾经在《论雷锋塔的倒掉》中说："悲剧就是将人生有价值的东西毁灭给人看。"在家庭教育中，父爱和母爱都是有价值的，但是上述案例中的女儿并没有珍惜，而是变本加厉地糟践家长的爱，当这种糟践达到父母再也无法忍受的程度时，悲剧就发生了。同时，家长的教育也是有问题的。当父母与女儿"角色"开始颠倒的时候，家长就应当想办法开始教育，但是他们只是一味纵容、忍气吞声，才使悲剧成了必然。

案例2：2012年11月23日，《兰州晨报》一则题为"一起弑亲血案和14份意外保险"的报道引起了国人的广泛关注。

初冬的甘肃省张掖市静谧安宁。但是，在3月份这里曾经发生过一起骇人听闻的人间悲剧。一位名叫沈学勇的男子亲手杀害了自己的亲生父母。经过调查发现，在杀死父母之前，沈学勇曾经为父母买过14份商业保险，这不得不让人开始怀疑沈学勇杀死父母的动机。

在2012年3月26日的早晨，一位村民去干活路过一座桥的时候，发现桥下有一辆农用架子车，车子底下有两条人腿。这位村民惊恐万分，于是马上告诉了村支部书记，书记马上报了警。随后，公安民警在最短的时间内赶到了现场。经过勘察，发现原来架子车底下是一男一女，但是早已经死亡了。

通过调查发现，死者是村里的沈怀文、李桂香夫妇。那么，这两位老人是如何死的呢？于是，民警首先传唤死者的儿子沈学勇了解情况。但是，在了解的过程中，办案民警发现他总是支支吾吾，好像在掩盖什么。民警感觉沈学勇一定有问题，所以趁机进行讯问，最终沈学勇对自己棒杀父母并移尸、刻意伪造意外事故现场的犯罪事实供认不讳。

沈学勇是家里的独生子，平时跟妻子、儿子住在家中，而父母住在养殖场，养殖猪、羊、鸡等，收入还算不错。在案件发生之前，沈学勇和父母在农场里干活，吃晚饭的时候，父母就对沈学勇说他们不仅需要种地，还得养羊，太辛苦了。沈学勇觉得父母在抱怨自己无法给他们好的生活，于是双方吵了起来。但是，争吵过程中也没有发生太大的冲突，只是互发牢骚罢了。吃过晚饭之后，他们都回到家中，打算与族人开会商量一下迁坟的事情。在这期间，沈学勇谎称自己要开拖拉机去给村民拖车，就走了。但是，开着拖拉机没走多远，沈学勇就停下了，而且还把一个轮胎的气给放掉，随后又回到养殖场。

等感觉会差不多快结束的时候，沈学勇就给父亲打电话说是车胎破了，需要他给送千斤顶过去。沈怀文夫妇按照儿子的要求赶紧把千斤顶给他拿过去。就在父亲没有防备的时候，沈学勇举起木棒猛力向父亲的头上打去，随着沈怀文"哎呀"一声倒地，母亲李桂香闻声赶紧过来看看发生了什么事情，结果就看到老伴儿已经倒在了血泊之中。李桂香求儿子放过沈怀文，但她的劝说并没有阻止悲剧的再次发生，沈学勇又把目标指向了母亲。在母亲倒地之后，为了以防万一，他继续向母亲的头部击打了两下，就这样，鲜活的两条生命瞬间消失了。

为了掩盖自己的犯罪事实，沈学勇把已经死去的父母放在架子车上，然后把骡子套在架子车上，趁着半夜时分路上的行人比较少，就把尸体运到了桥下。他卸下骡子，将架子车连同父母的尸体推下了桥洞，制造了一个意外交通事故致人死亡的事故现场。

随后，沈学勇就拉着骡子回到了养殖场，他假装什么事情都没有发生，然后骑着摩托车回家洗洗睡了。

究竟是什么让独生子对父母下如此毒手呢？难道就是因为晚饭时的争吵吗？这个原因难以令大家信服。

通过警方的不断审问，才得知沈学勇曾经给父母买过14份商业保险，当然他是受益人。如果他的父母真的发生意外死亡了，他可以获得60多万元的赔偿金。他之所以选择在与父母争吵的那天晚上动手，原来是有原因的。争吵之后，他想起了前一天保险公司的业务员给自己打过一个电话。这个业务员告诉沈学勇他父母的保险马上就到期了，还要不要续保。就在父母抱怨累的时候，他想到了如果父母在合同期内发生意外，不仅父母解脱了，自己也可以获得一大笔赔偿金。但是，对于法官提到的因为骗取巨额保险金而杀害父母的犯罪动机，法庭上的沈学勇却始终不肯承认。

公诉人："沈学勇，你为何要杀死自己的亲生父母？"

沈学勇："因一时冲动。"

公诉人："你是不是为了骗取巨额保险金？"

沈学勇："不是。"

公诉人："那你为什么要给父母购买 14 份意外保险？"

沈学勇：沉默……

公诉人："你家里一年收入多少？"

沈学勇："至少七八万元。"

公诉人："你的家庭经济收入在农村应该是不错的，那为什么还要做这事呢（杀人）？"

沈学勇：沉默……

鉴于案情重大，法院决定择日宣判。

的确，为什么一个村民眼中的好青年、好孝子会做出如此残忍的事情来呢？当然，在一定程度上，这是社会悲剧，因为沈学勇被金钱蒙蔽了双眼，而置父母生命于不顾。但从根源上来说，应当是家庭教育缺失导致的。

沈学勇是家里的独生子，毫无疑问，沈怀文、李桂香夫妇一定会万分宠爱，甚至到了溺爱的程度。他们的溺爱和保护不但没有起到很好的育人作用，最糟糕的是他们在沈学勇面前没有威信，得不到应有的尊重。根据沈学勇婶婶的叙述，沈学勇胆小如鼠，但是其岳父又说他脾气暴躁，这种矛盾性格是如何造成的呢？无论从哪个方面来说，父母的教育一定起了很关键的作用。如果沈怀文夫妇能够注重培养儿子健全的人格，此悲剧或许就不会发生了。

第二章

孩子健康成长的土壤

一、发展才艺就能做到全面发展吗？

如今，越来越多的家长意识到孩子全面发展的重要性。当被问道"什么是全面发展"或"如何才算全面发展"的时候，很多家长给出的说法是"全面发展就是有更多的兴趣爱好和才艺"。这未免太片面了。其实，任何才艺的学习或展示都应当以孩子的兴趣为前提。

的确，孩子的兴趣和爱好已经受到越来越多家长的关注和重视。孩子所具有的认知特点和知识结构决定了他们对事物的理解具有形象性和直观性的特点。因此，尊重和培养孩子的兴趣变得越发重要。没有兴趣就没有想象力，更没有创造力，只有重视孩子的兴趣，才能使其成为一个具有想象力和创造力的人。

其实，孩子的兴趣并不是一成不变的，特别是在年龄还较小的时候，他们的兴趣就如同他们的小脸儿，哭笑多变。

每个小孩子都有自己喜欢的东西，例如，男孩子更倾向于玩具枪、飞机模型、汽车模型等玩具，而女孩子更喜欢洋娃娃、小动物类的毛绒玩具。无论他们喜欢什么，那都是他们的权利和自由。从心理学层面来说，孩子的兴趣和爱好会使他们的精神有所寄托，在享受的过程中也会有安全感。所以，尊重他们的兴趣爱好是非常重要的。即使他们的玩具变脏了或者是坏掉了，如果没有经过他们的同意，千万不要擅自做主把它们扔掉。除了玩具之类，他们也会有其他相对抽象的兴趣，如跳舞、弹钢琴、下象棋、踢足球、唱歌等。有些孩子甚至还会在做自己喜欢的事情的过程中树立远大的志向。如爱跳舞的会在享受跳舞快乐的同时希望自己将来成为像杨丽萍那样出色的舞蹈家；热爱足球的希望自己在将来能为中国足球增光。总之，孩子有着对他们自身的身心健康非常有益的兴趣爱好是一件

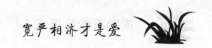

好事，家长应予以尊重。

　　小坤从小就非常喜欢小动物，而且特别热衷于研究小动物的生活习性。在小学的时候常常因为观察小动物而弄得全身是泥，父母觉得他整天不学习，非常生气，于是就想方设法不让他出去玩，而是待在家里弹钢琴，这样可以有一技之长，同时也能在升学考试中加分。

　　在升入初中之后，小坤真正接触了生物这门课程，被压抑已久的心重新找到了寄托。在放学之后，他偷偷跑到树林或者是公园中观察各种小动物。有一次，他把一只黑蜘蛛带回了家，父母大发雷霆，训斥他不应该把这么脏的东西带回家，爸爸一脚踩死了蜘蛛，而妈妈也把小坤装着各种动物标本的百宝箱给摔碎了。小坤特别伤心。

　　从此之后，小坤无心学习，成绩一落千丈，变得也不爱说话了，家长觉得可能是孩子的智力出现了问题，于是找老师了解情况。没想到老师说："小坤这孩子特别聪明，对动物的各方面都特别敏感，如果好好培养，将来肯定能成为一名出色的生物学家。"

　　当然，老师的这句话让小坤父母开始反思自己的行为。

　　如果孩子没有兴趣爱好的话，则需要家长积极引导。在日常生活中，家长应当观察孩子对哪一方面比较感兴趣，如果可能的话为其提供充分的条件，鼓励他们发展。一个有着兴趣的孩子会对生活充满希望，无论在学习上或者是生活中出现了不顺心的事情，他们都可以沉浸在自己的爱好中，从而在短时间内排解掉消极情绪，不会出现因为无处发泄而采取极端手段的情况。

　　通常情况下，当家长发现孩子在生活中有这样或者是那样的坏习惯的时候，他们一般采取暴力或者是责怪的方式来处理。殊不知这种方法不仅无法解决问题，更糟糕的是它会造成孩子的逆反心理。事实上，要想改掉孩子的坏习惯，最好的办法是转移他们的兴趣点，培养新的兴趣。例如，现在很多家长都被孩子只爱在电脑上玩游戏、不爱学习的问题所困扰，他们担心玩游戏会浪费掉大量本应该花在学习上的时间最终导致学习成绩不断下降。的确，在现实生活中，这种情况太过于常见，然而，家长或许可以从自己孩子的具体情况出发，找到其喜欢打游戏的根本原因，是逃避学习还是学习之余的消遣。如果是逃避学习，需要找到其在学习上所遇到的困难，积极去寻找解决问题的办法。除此之外，家长还需要帮助孩子找到激发学习兴趣的有益爱好。如果是学习之余的消遣，家长可以视情况来规定玩游戏的时间，当然，其前提是孩子的学习状况良好。

　　总之，如果你的孩子有着对身心健康发展都非常有益的爱好，你的态度应该是尊重；如果你的孩子还没有什么兴趣爱好，你的任务是帮助孩子培养兴趣；如果你的孩子有着不良的兴趣，你的做法是帮助孩子改正并找到新的兴趣点。

二、朋友多了路真的好走吗？

俗话说"近朱者赤，近墨者黑"，在现实生活中，这句话经常被用来比喻接近好人可以使人变好，接近坏人可以使人变坏，可见，客观环境对人有很大影响。处于社会中的我们在人际交往的过程中都会对他人产生或多或少的影响，同时，我们也会受到他人的影响。每个人都不是孤立存在的，都有属于自己的朋友圈子，例如父母的圈子中几乎没有孩子的涉猎，而小朋友的圈子也无法被父母接纳。孩子的朋友圈子并不是指孩子只有一个或者是两个朋友，而是 2 ~ 4 个重要的同性朋友，当然并不排斥异性朋友。这里强调同性朋友是因为他们可以有着共同的兴趣爱好，在公共场合中尽情玩耍。如果有异性朋友，对于还上小学的孩子来说可能会受到取笑或者是嘲弄，自尊心会受到伤害。但是作为父母的我们就真的不能或者是无法融入到孩子们中间吗？

与成年人相比，由于孩子受知识、阅历、思维等各方面条件的限制，他们的辨别能力是相对较弱的。在孩子选择自己玩伴的时候，凡是能玩到一起的，他们都不会排斥。在孩子眼中无所谓"好"与"坏"，在玩耍的时候，只要有一点小摩擦，好朋友马上就会变成坏人，但是转眼间可能又变成好朋友了，这就是孩子的特性。虽然，他们眼中的"坏人"或许只是因为侵犯了自己的利益或者是与自己的好朋友成了"敌人"就被贴了标签，然而对于真正养成坏习惯的孩子潜移默化的影响，他们是无法设防的。例如，有些孩子从小就被父母教育撒谎是不好的，但是看到小伙伴们一次次地撒谎都帮助他们躲过了"灾难"，而自己说实话却总是被惩罚，所以就会心生疑虑，究竟撒谎对自己是好事还是坏事呢？再加上在小伙伴"撒谎占便宜，说实话吃亏"的"真理"劝解下，他可能也会慢慢地学会撒谎，如果家长没有及时发现这个极具严重性的问题，孩子的前途就会令人堪忧。可见，他人的影响是不可小觑的。

　　或许有些家长认为孩子懂事是需要过程的，在他们年纪还比较小的时候，即使父母怎么教育也是没用的，辨别是非的能力不是一朝一夕就培养出来的，所以没有必要干涉孩子的朋友圈子，让他们自己在"吃亏"中慢慢醒悟。其实，这样的父母是非常不负责任的。纵然孩子的认知能力是在实践中培养出来的，但是这需要家长的配合。在孩子成长的过程中千万不要小看了父母的作用，或许父母的一次努力并不能产生实际的影响，但是只要肯用心，长期坚持下来，孩子一定会朝着你所设想或者是期望的方向发展，"只要功夫深，铁杵磨成针"这句话是不无道理的。因此，孩子的成长需要家长的参与。

　　有这样一个例子足以说明孩子朋友圈子的影响：

　　小伟在学校里总是嫉妒那些家庭条件好的同学，因为他们不仅吃好的、穿好的、用好的，就连家长来学校看他们也是挣足了面子。为了与这些孩子做朋友，小伟也吹嘘自己家庭条件好，甚至还经常请客吃饭，因为在他眼中，这才是证明家庭富裕的最直接方式。久而久之，他的身边都是那些一掷千金的大小姐或是少爷。跟他们在一起之后，小伟把学习的事情抛到脑后，整天想的就是融入他们，变得不仅虚伪，甚至在大庭广众之下连自己父母都不认。

　　有一次，这一群朋友正在饭店里享受，没想到做业务员的父亲正好也在这里应酬，碰到之后，小伟连爸爸都没叫，只是向同学解释碰见了一个叔叔，甚至还有意躲避。看到儿子如此奢侈和虚荣，父亲顿时火冒三丈："各位同学，我是小伟的父亲。我不知道他是如何描绘自己家庭的，我跟他妈妈是双职工，没有条件支撑他天天到这种地方请客吃饭。"小伟与这些富家子弟的关系以这样一场闹剧收场了。

　　其实，小伟走到这一步固然与孩子的价值观有关系，但是家长管教的缺失是导致闹剧上演的根本原因。作为父母，应当了解孩子身边的朋友，如果可能的话还要不时请他们到家里来做客。孩子整天请客吃饭必然是向父母要钱的，在孩子要钱的时候，特别是次数和金额量不断增加的时候，家长必须让孩子讲清楚把钱都花在什么地方了。如果问不出来，家长可以通过暗中观察来了解情况。

究竟如何去"干涉"孩子的朋友圈子呢？是"扩大"还是"精减"呢？当然这需要家长做到具体问题具体分析。"朋友多了路好走"已经通过实践得到了证明，对于孩子来说，虽然朋友多了与"路"没有多大的关系，但是最起码在任何时候都不会感到孤独，只要想玩就有伙伴。的确，这是个很大的好处，但是也是存在不利之处的。例如，过多的朋友会让孩子受到更广泛的影响，不利于其自身集中精神的养成。所以，精减孩子的朋友圈子就变得非常重要。让孩子在更为有利的客观环境中学习、生活和成长，学习好朋友的长处，弥补自己的不足，养成良好的习惯，在别人的潜移默化之下朝着更好的方向发展。

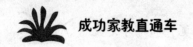

三、一半承诺，一半推诿的悲剧

很多时候，父母为了让孩子按照自己的想法做事情，做出了很多令孩子心动的承诺，但是实现的却没有几个，当被孩子"质问"的时候，却找各种理由来搪塞他们。这样的父母真是让孩子难以再相信他们。从另一个角度来说，这些家长根本没有了解到"言必信、行必果"的意义。

"言必信，行必果"出自《论语·子路》。信是守信用，果是果断、坚决。它的意思是说了的话一定守信用，做事一定要办到、不拖拉。在家庭中，无论是夫妻之间，还是小辈与长辈之间，能否相互信任在很大程度上就是由平时的言行决定的。或许有些家长认为只要是能有利于孩子进步的方法和手段都是可以尝试的，尽管它们不利于建立与孩子之间的信任感。其实，这种想法看似说得通，但是危害性非常大。在孩子出生之后，他们都是通过父母的言传身教来学习和了解事物的，在这个过程中，父母对孩子所产生的深刻影响是潜移默化的，也是无法言说的。

记得曾经看到过一个关于言必信、行必果的故事：

在古代的时候，很多人在一个钉鞋摊旁边聊天。他们经常看到一位老先生在那里讲孔夫子的"言必信、行必果"，于是坐下来倾听。

此时，一个路人恰巧从那里经过。于是，出于好奇，他就问修鞋的鞋匠："哎，师傅，这老先生是谁？在讲什么啊？他讲得真带劲儿！"

"他是个教书先生，姓赵。你可别看他讲得头头是道，可办起事儿来可不怎么样。说什么'言必信，行必果'，在我这里修了好多次鞋了，可从来没给过钱。"鞋匠抱怨道。

这个过路人生平最恨的就是那种只说不做的人。等赵先生讲完之后，他就前去提了一个问题："先生，我想请教个问题：'赵钱孙李，周吴郑王'如何解释？"

赵先生本以为有什么高人过来要比划几下呢，谁知道提了这个没有质量的问题，甚是高兴。于是回答道："你真是个愚人，连百家姓上的'赵钱孙李，周吴郑王'都不懂。那不就是姓赵的赵，姓钱的钱，姓孙的孙，姓李的李，姓周的周，姓吴的吴，姓郑的郑，姓王的王吗？"

听到赵先生如此解释，这个路人瞬间觉得他在这里只是卖弄，根本没有什么真才实学，于是反驳道："先生，我解释的意思跟您的不一样。我从后面给您往前解释，请您好好听着，王是王霸道的王，郑是不正经的正（郑），吴是耍无赖的无（吴），周是瞎胡诌的诌（周），李是不讲理的理（李），孙是装孙子的孙，钱是欠钱的钱，赵是赵先生的赵。连在一块是：王霸道，不正经，耍无赖，瞎胡诌，不讲理，装孙子，欠鞋钱，赵先生。"

不知道从哪里凭空冒出来一个小辈，而且对自己如此无礼，赵先生发火了，说："你讲的是啥？快给我滚开！"

看到赵先生急了，这个过路的感觉特别高兴，于是不紧不慢地安慰道："先生，您别生气，也别着急，我还有话要说呢。您讲的'言必信，行必果'也不全对。言必信，行必果，就是说了就做，要说到做到，但是您呢？您在鞋匠那修了几次鞋，为啥不给人家钱啊？"

"这……"赵先生张口结舌，可他很快又改口说，"我也没说不给啊，我是说等他啥时候要钱花，我一块儿给他。"

"眼下我大儿子要娶媳妇，正等着钱花，你现在就给我吧。"鞋匠在一旁答了话。老先生只好把钱还给了鞋匠。

在这个故事中，赵先生因为一再宣扬"言必信，行必果"，自己却没有说到做到而遭到了路人的讽刺。所以，在做任何事情的时候千万不能只说不做，否则，渐渐地就会失去他人的信任。

在孩子不愿意学习的时候，为了能激发他学习的斗志，或许你会有"只要这次考试能进前五名就给你买模型枪"这样的承诺。当然，你说这句话只是为了能让他取得好成绩，但是孩子却会信以为真，使出浑身解数来提高成绩，只为你的承诺。当你的愿望真的实现的时候，他不会关注自己是否进步了，而是等待着你的奖赏。如果你没有兑现诺言，他会很失望。此后，如果你再使用这招来督促他学习，其结果是他必然不吃这一套。久而久之，他不再相信你说的话。因此，作为家长在孩子面前千万不要随意许下自己根本不想兑现的承诺，否则只会让孩子一而再、再而三地失望，在孩子眼中你就是一个"说话不算话"的人。

"父母是孩子的第一任老师"这句话不无道理。家长在与孩子交流的过程中也在塑造着自己在孩子心中的形象。我们可以试想一下：你承诺给孩子买这买那，他兴高采烈地在其他小朋友面前"炫耀"，而且还把你什么时候兑现诺言的时间告诉了他们，时间一到，小朋友们就会让他展现一下你给他买的东西，如果他拿不出来，会是多么的尴尬，他不仅失信于人，还可能被别人骂吹牛皮。虽然这只是一件小事，但给孩子的心理造成多大的压力和影响是可以想象的。

随着孩子慢慢长大，他可能也会变得说话不算话，如果你拿这件事来批评他，他会非常有理，那就是跟你学习的，因为你也说话不算话。可见做不到"言必信"的恶劣影响是深远的，它甚至会影响孩子一生的发展。

如果你是一个说话算话、做事果断之人，你的孩子自小就会形成一种印象，而且也会督促自己。时间一长，在孩子眼中你就是一个说一不二的人。你说什么孩子都会相信，对于你的要求他也会严格遵守，因为他知道这是你的风格，更没有讨价还价的余地。在你的熏陶之下，孩子也会渐渐地成为一个"言必信、行必果"的人。

四、身教甚至可以代替言传

有这样一个家庭，爸爸是网络游戏迷，整天忙着玩游戏，甚至有点走火入魔了。每天晚上，他回到家中首先做的就是打开电脑，打开游戏页面。即使是在吃饭的时候也不忘电脑，他把菜扒拉到碗里，然后端着碗坐在电脑旁，点几下鼠标，吃几口菜，每分钟都要盯着游戏的进度。

爸爸的这种行为已经影响了 10 岁的儿子小雨，他也想玩玩，但是碍于爸爸的威严，他很少去碰电脑。

这天晚上，一家人在吃饭的时候，爸爸又端着碗去玩游戏了。

小雨急匆匆地吃完了饭，走到电脑旁对爸爸说："爸，你先吃饭，我帮你玩。"

爸爸没有说什么，小雨认为这代表爸爸同意了，于是坐在电脑旁玩了起来。等爸爸吃完饭，放下碗筷之后，大声说："小雨，别玩了，抓紧看书去！"

"我已经写完作业了，你再让我玩会吧。"小雨不情愿地说道。

"不行，作业写完了不代表没事干了，你再去把书上的英文单词抄一遍。"爸爸用不容商量的口气呵斥道。

面对爸爸的这种态度，小雨只能不情愿地走开。他也没有去抄单词，而是看电视去了，一边看，嘴里一边嘟囔："你怎么不看书？你怎么不抄单词？凭什么你都做不到还要求我去做？"

试想一下，如果你是小雨，家长对你有一些连他们自己都做不到的要求时，你会是什么感觉？

在家庭教育中，父母的言传身教对孩子的成长会起着潜移默化的影响。那究竟如何才能做到言传身教呢？概括起来，可以包括以下几个方面：

第一，父母对孩子提出的要求，自己一定要做到。在日常生活中，父母是孩子的直接模仿对象，如果想要求孩子做到某件事情，自己首先应当做到。只有言行一致，处处严格要求自己，才能在孩子面前树立威信，最终掌握家庭教育的主动权，教育效果才会达到自己所期望的那样。否则，只是对孩子提出要求会让他们感到特别反感，他们会抱怨：你们都做不到的事情凭什么要求我们做到？例如，随着网络的普及，几乎每个家庭中都有一台电脑。电脑具体是用来做什么的，每个家庭有各自的用途。有的是为了办公，有的是为了玩游戏，有的是为了让孩子参与网上学习……总之，电脑的所有用途都会被开发和挖掘出来。然而，孩子迷恋玩游戏似乎已经为很多家长所头痛。在很多家长看来，自己玩游戏是因为上了一天班了特别累，只是借机放松一下，而孩子的任务是好好学习，凡是影响学习的东西都被令行禁止。的确，这个想法不是没有道理，但是父母做到换位思考了吗？孩子学习也会有累的时候，也需要放松，那为什么只允许家长选择这种消遣方式而不允许孩子接触呢？这样就会造成孩子的逆反心理，他们认为自己没有被公平对待，所以如果想要禁止孩子玩游戏，自己首先要做到不玩游戏。

第二，父母要有开拓进取的精神，不断加强自身修养，形成良好品质。在父母教育孩子的过程中更多地是用自己的人格力量来影响孩子。现在社会中充满了竞争，人们都要承受着巨大压力。对于父母来说，如果在工作中无法做到与时俱进、及时学习相关的知识，那么必然面临下岗或者是失业的危险。在这种生存环境压力下，拥有智慧的父母一定会变压力为动力，不断提高自身修养，通过自己的努力扭转局面，这样可以给孩子足够的精神鼓舞，同时也给他们做出表率。在父母的熏陶下，孩子也会保持积极的心态健康成长。

第三，夫妻之间应保持良好的关系，创建温馨的家庭氛围。环境对一个人的影响是不言而喻的。如果生活在和谐的家庭环境中，孩子的心情也会变得更加舒畅，这对学习是非常有利的。在这种家庭中，孩子能够体会家庭成员之间相互理解、相互支持的情感，这不仅对他们养成尊重、爱护和帮助他人的良好行为习惯有着示范作用，同时也有利于培养孩子处理人际关系的能力。例如，现在很多家庭都是三代人一块儿生活。作为家长不仅要照顾好孩子的起居饮食，更重要的是要处理好与长辈的关系，为孩子做出表率。如果无法为孩子树立好榜样，他们会有样学样，也不可能比你做得更好。

第四，在教育孩子理念方面，夫妻二人应当保持一致。如果夫妻二人各持己见、在孩子教育态度上有强烈反差，那么他们就无所适从，不知道怎样做才是好的，进而还会形成当面一套、背后一套的不良习惯，不利于孩子的健康成长。例如，妈妈希望孩子能这样，而爸爸希望孩子能那样，所以当只面对一个家长的时候，孩子会按照爸爸或者是妈妈喜欢的样子去做，如果两个都在的话，孩子可能都不知道怎么办才好。可以想见，这孩子得多累！简直就是在表演，以至于有一天连你都不认识自己的孩子了。因此，夫妻之间能否有共同的教育理念与孩子能否成才有着密切的关系。

总之，在家庭教育中，父母对孩子的言传身教是不可或缺的。法国社会学家塔尔德曾经说"社会就是模仿"，而孩子的模仿对象首先就是父母，所以从某个方面来说，身教比言传更重要。当孩子犯错误的时候千万不要一味地批评孩子，而是首先反思自己什么地方做错了。只有纠正了自己的错误，才能在生活中无声地影响孩子，使其朝自己所期望的方向发展。

五、强硬的质问得不到答案

作为家长，你是不是特别想知道孩子在学校所发生的事情，甚至还想通过自己孩子的嘴来了解他是怎么评价其他同学的？这种想法无可厚非，因为这是了解孩子最为方便的途径。如果只是一味地追问孩子，必然会造成他们的反感，越问越不说。那你何不尝试先让孩子了解你这一天是怎么过的，然后再慢慢地听他们说。即使他们没有马上对你作出回应，相信时间一久，他们就会向你倾诉的。在听他们讲述自己经历和想法的时候千万不能过于好奇或者是反复追问，这样就会打消他们诉说的积极性。

心理实验表明，家长在讲述自己工作经历的同时还会把一些为人处世的道理潜移默化地传授给孩子。除此之外，这也是向孩子播撒职业种子的途径。孩子喜欢模仿父母的一切东西，当他们通过父母的工作了解社会之后也会慢慢地确定自己的职业取向。

在你向孩子讲述自己一天工作经历的过程中也会对自己的工作情况进行反思，如果有可能，孩子的话语甚至还会刺激你的大脑，使你找到解决工作难题的办法。当然，孩子把自己的心事吐露给你，对他自身也是很有好处的。即使之前有什么委屈或者是不愉快的事情，通过与你的交流，他不再闷闷不乐，在你的分析和帮助下，他又变得高高兴兴了。而这个过程也是了解孩子的过程，通过他对某些事情的看法，你会了解他的性格，甚至还能明确他未来的价值取向，如果有什么不妥之处一定要及时帮助孩子改正。

可能有的家长觉得给孩子讲工作上的事情是根本没有必要的，因为他们不可能听得懂，如果听不懂的话就会问，即使解释多少遍他们也是听不懂的，不仅起不到任何作用，反而还会让他们更加迷惑。的确，这种顾虑是可以理解的，但是对于孩子的追问你不应该感到厌烦，你应当将其理解为是一种开发智力的过程。如果你坚持认为对孩子讲大人的事情无异于对牛弹琴，那就大错特错了。因为你低估了他们的智商、情商，甚至是能力。当然，听懂或者是听不懂都不重要，重要的是在这个过程中，你们之间进行了密切的沟通和交流。听到自己的父母跟自己说事情，孩子们是非常高兴的，因为爸爸妈妈把他们看成了朋友，得到了爸妈的"公平"对待。

总之，通过"交换"方式来让孩子敞开自己的心扉是了解孩子的一种重要途径和方法。因为在孩子眼中，你跟他们分享了自己的小秘密，公平起见，他们也会说出自己的秘密。久而久之，告诉你在学校发生的事情或者是自己的想法已经成为孩子们的一种习惯，相信在这个过程中，你们的关系也会变得越来越融洽。因此，如果你的孩子对你的感觉还是比较畏惧的话，你需要找到原因，然后用他所认可的方式来消除他的疑虑和畏惧。

六、石头在合适的地方也会发光

在生活中，我们经常听到有人说"是金子总会发光的"。纵然，这句话被无数事实所证明，但是它却与外界环境密切相关。如果这颗金子永远没有用武之地，永远未被人发现，那是不可能有发光机会的。当然，石头也是如此。

在家庭教育中，很多家长总是抱怨自己的孩子不是块金子。但是家长应当问一下自己，究竟为孩子提供发光的环境了吗？相信只要家长能给他们提供好的环境，即使是块朽木，也是可以雕琢的。

随着人类文明的不断进步，人文环境越来越受到重视。通俗来说，人文环境就是人们周围的社会环境。它是由人为因素造成的，带有社会性。当然，这里我们所说的家庭教育中的人文环境与家庭成员的态度、观念、信仰和认知等有着重要的关系。而这里的家庭成员所涉及的多是家长。

曾经有一位渴望成功的青年一直在寻求获得成功的捷径，但一直未能如愿。

有一天，一位老婆婆拿了一块石头，让年轻人拿去菜市场门口卖，结果无人问津。年轻人很无奈地拿着石头来问老婆婆，说石头一文不值。老婆婆又让他拿着石头到珠宝店门口卖，结果有人出30元钱，年轻人没卖。他拿着石头回来又去问老婆婆，这次她让年轻人拿到外国人经常出入的文物商店门口去卖，结果一个日本游客愿意出人民币300元钱来买这块石头。

此时，年轻人幡然醒悟，原来同样一块石头，在不同的环境中会产生不同的价值。

如果说孩子就是这样一块石头，那么家长应该把他放在什么样的环境中才能发挥出他最大的价值呢？除了学校之外，家庭环境对孩子能否成才也起着关键作用。

家长如何营造家庭中积极向上的人文环境呢？

第一，加大投入，努力建设学习型家庭。在家庭支出中，教育支出必须要占有一定的分量。通过购买一些学习资料和学习用品来提升家庭文化品位。另外，家庭成员需要花一定的时间来学习，例如，在孩子晚上做家庭作业的时候，夫妻二人可以看书或者是看报，跟孩子共同学习。除此之外，还要提高自己的学习能力。在现代社会中，能力比学历重要，但学习能力比能力更重要，所以家长们在学习的过程中应当努力做到活学活用，把自己学到的知识应用到实践中去。

第二，改变传统的家庭教育理念，努力建设健康型家庭。家长应当努力营造一个健康、绿色的家庭教育环境，这对孩子的健康发展是非常重要的。然而，在现有条件下，很多家庭中都或多或少地存在精神垃圾，例如家长脱口而出的脏话、家长过于暴躁的脾气、家长脑海中残存的封建迷信思想……这些都在无形中影响着孩子的心理健康。所以，有责任的家长一定要以孩子健康成长为核心，而且为了给孩子营造好的家庭环境而努力。很多家长因为事情比较多，所以脾气暴躁。虽然发脾气可以把坏情绪发泄出来，但是它也影响了孩子，久而久之，孩子也被父母的坏脾气所感染。这样，孩子所受的家庭教育中充满了灰色，没有阳光，更没有欢声笑语，所以家长一定要经常反思自己的做法对孩子会产生怎样的影响。

第三，加强沟通，努力建设开放型家庭。综观整个中国家庭，我们可以明白并不是所有的家庭成员整天都可以在一起的。夫妻双方白天都需要工作，孩子需要上学，即使夫妻二人在一个单位、一个部门工作，也会出现分开的情况，毕竟不是连体儿。此时，沟通就变得更加重要。如果某个人心中有什么事情或者是比较郁闷，完全可以说出来让大家一块儿想办法解决。如果能够做到这样，猜忌就会变少，理解就会变多。

第四，严格要求自己，做有魅力的家长。作为家长除了努力学习知识、为孩子营造绿色人文环境、加强沟通之外，还需要展现出自己特有的魅力。在家庭生活中，孩子往往会把父母看作是自己需要学习的对象，也就是榜样。对于这一点，家长们需要使出浑身解数来发挥自己榜样的力量。例如，做一个对家庭和社会有责任感的人。凡是自己分内的事情必须要努力完成，而且要尽力做好。

相信在父母正确的世界观、人生观和价值观的影响下，孩子也会以积极的态度面对所出现的各种问题。父母的榜样力量会促使他们形成良好的行为习惯，保持乐观的心态，在取得成功的时候不骄不躁，在遇到困难的时候也不会一蹶不振，以一颗平常心对待人生中的任何事情。

七、什么样的水养什么样的鱼

如果把家庭比喻成一个鱼缸，水就是父母所营造出来的家庭氛围，而鱼就是家庭成员，包括孩子。如果没有好的家庭环境，相信孩子的成长势必会受到影响。

在家庭环境中，孩子的生活空间包括两部分：一部分是家人活动的公共空间，另一部分是孩子的私人空间。即使孩子没有独立的卧室，也要有属于他们自己的私人领域，如布满孩子作品的书桌、张贴孩子绘画的墙面等。无论是在家庭的哪部分区域，一定要保持温馨和谐的家庭氛围，只有在这种环境中，孩子才会有安全感。当然，家庭氛围对于孩子性格和习惯的养成也是非常重要的。

曾经读过这样一个故事：

有一个小女孩，她曾经有过天真烂漫的童年，每天晚上都是在妈妈的怀抱中听妈妈讲童话故事入睡的。但是不知道从什么时候起，讲童话故事的角色开始由爸爸担任，而妈妈却在这个家庭中消失了。

她问爸爸："爸爸，妈妈去哪里了？"

爸爸回答说："有一天，妈妈觉得这个家不再适合她了，就变成天使，从这个家里飞走了。但是你这个小天使年纪太小了，还不能飞翔，所以只能留在家里，让爸爸保护你。"

对于充满幻想的小女孩而言，这是一则美丽而浪漫的童话；对于编织这则童话故事的父亲而言，这是一个聪明而善意的谎言。此后，小女孩慢慢长大，走过了花季，又度过了易逝的青春年华，最后成了一名成功的作家。

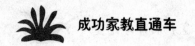

如果这对父母在办理离婚的时候不是和平分手，而是大打出手，当女孩问到妈妈的时候，父亲不是说她是天使，而是说尽了孩子母亲的坏话，恐怕小女孩不会在如此美好的家庭氛围中成长成才。

那么究竟如何才能营造良好的家庭氛围呢？

第一，夫妻双方不要在孩子面前相互攻击。争吵是每对夫妻难免的一件事情。纵使在谈恋爱的时候没有争执，但在结婚之后特别是在有了孩子之后，那种浪漫情调难以继续保持，生活琐事变得越来越多，随之而来的就是争吵和打闹。这种事情本来就是无可厚非的，适当吵架也没有什么坏处，但是如果经常在孩子面前吵架的话，他们就会怀疑自己父母感情的牢固性，一旦他们过于敏感，还会胡思乱想，不利于健康成长。当然，吵架过程中的互相攻击是必须被禁止的。攻击性的话语不仅无法解决原本就有的矛盾，而且还会导致矛盾升级，同时也会让孩子感到害怕，内心充满了孤独和恐惧。

第二，制造温馨和谐的家庭话题。当与孩子在一起的时候，家长可以通过制造所有家庭成员可以参与其中的话题来进行沟通和交流。例如，可以谈论对一部电影的观后感或者是对社会热门事件的看法，在这个过程中，家庭成员之间可以做到相互沟通和交流，同时也会让孩子感觉自己真的是家庭中的一员，他们会这样想："爸爸妈妈还会听取我的看法，可见我真的是家庭中的独立一员"。在孩子感受到自己被重视之后，他们也会更加努力地去做好自己分内的事情，不让爸妈操心。另外，在谈论问题的时候，即使孩子理解有偏差，也不好中途打断，而是要听他把话说完，如果的确涉及人生观和价值观的取向问题，则可以在话题讨论结束之后由一位家长代表私下里给孩子纠正错误。

第三，在家庭教育中不要留有许下承诺的余地。有些家长往往会对孩子提出很多要求，为了能督促他们，家长会许下很多奖励的承诺。其实，从某个方面来说，这些承诺限制了父母对孩子的有效教育。在家庭教育的过程中，一旦有承诺参与其中，所有的事情都变得好像有利可图。家长许下承诺是为了孩子能达到自己的要求，而孩子努力达成家长的要求是为了能让父母实现承诺，俨然成了家长与孩子之间的"交易"。即使孩子真的达到了家长的要求也会让结果大打折扣。当然，奖励并不是被彻底反对的，但它需要适可而止。例如，在奖励的时候一定要根据孩子自身的需求，不能过大，否则教育就失去了意义。

第四，家庭成员间应相互问候、相互鼓励。问候是情感表达的一种形式，哪怕只是一句"早安"或者是"晚安"也会让人心情愉悦。无论别人心情高兴还是处于低谷，对他人说几句鼓励的话就会使他们有所改变。之前本来就很高兴的人在听到别人的鼓励之后会变得更有兴致；心情低落的人则会受到鼓舞，为之一振，继续充满希望地努力。当然，这些情况也是适合孩子的。例如在晚上睡觉之前，如果家长能够对孩子说一些鼓励的话，孩子的内心就会充满了希望，而且感觉明天又是崭新的一天，信心满满地迎接它的到来。

总之，外部环境对一个人有着非常重大的影响。在家庭教育中，家庭环境显得至关重要。只有营造温馨和谐的家庭氛围，孩子才能更加健康快乐地成长。

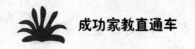

八、你的家庭是鸟巢还是鸟笼？

在 2008 年北京奥运会期间，奥林匹克圣火在国家体育场 "鸟巢" 点燃。中国新闻网曾经刊载说，香港《亚洲周刊》刊发署名邱立本文章《鸟巢一代的爆发力》说明了鸟巢的象征意义，即 "鸟巢启发新一代中国人，发挥最佳的创意和爆发力，让后奥运时代成为制度创新的年代"。 其中，这篇文章提到："鸟巢不是鸟笼。鸟巢的一代也肯定不是'笼中鸟'。刚好相反，鸟巢的一代是开放的、自由的，也是充满智慧的。他们历经北京奥运的洗礼，都有一种前所未有的视角，要将中国金牌冠军的光荣与梦想，从场内向场外延伸，也从二零零八年向未来延伸。"

曾经有人陈述过 "鸟巢" 和 "鸟笼" 的区别。"鸟巢" 是给倦鸟休息用的；"鸟笼" 是鸟儿的桎梏，限制了它们的自由。所以，从这个层面上来说，幸福的家庭是孩子的鸟巢，而不幸福的家庭是孩子的鸟笼。

什么是幸福呢？幸福是一种自我满足感。当自己通过努力实现理想的时候就会感觉幸福；当家人为自己付出很多的时候也会感到满足；当孩子成功成才的时候，家长心中也充满了幸福感。总之，幸福是一种感受，它因人而异。

那什么是幸福的家庭呢？事实上，给人归属感、支持感和温馨感的家庭就是幸福的家庭。家庭成员所追求的归属感并不仅仅是漂亮的大房子，更重要的是家庭成员那种在一起的感觉。在遇到事情的时候，大家可以集思广益，找到解决问题的办法，共同度过困难时期，做到 "有福同享，有难同当"。支持感强调的不仅是物质上的相互扶持，更是精神上的相互鼓励。在他人遇到困难的时候，如果能够给他人以精神鼓励和支持就会为其带来勇气和力量；在别人身处顺境的时候精神支持可以让他们更加奋发向上、勇往直前。温馨感是整个家庭由内而外散发出来的，其中充满了民主与和谐。当然，不幸的家庭必然无法给人这样的感觉。

在家庭教育中，"家"和家长都是孩子依靠的因素。如果一个家庭无法为孩子提供好的环境，让其有归属感、支持感和温馨感，家庭对他们来说就是"鸟笼"，而他们就如同失去双翼的小鸟儿，无法展翅高飞，更不可能欣赏大自然中的亮丽风景。他们害怕面对困难，更不敢承担责任，所以一辈子都不可能有大的作为。如果孩子在家庭中能够感受到自己是幸福的，那么他就有了强大的后盾，拼尽力气展翅高飞，任凭大风大浪，他们也不会退缩，因为他们明白：在累了的时候自己可以回到温暖的家，回到父母的怀抱中休息。所以，作为父母，我们应当尽力为孩子建造一个能够挡风遮雨的"鸟巢"。那么，家长们应该如何去做呢？

第一，家庭成员之间做到相互尊重。无论是家长还是孩子，大家都是相互独立的个体，必然也有着不同的兴趣爱好。同时，每个人需要有一定的气度和修养，对于他人的"个性"，大家应做到相互尊重。只有这样，整个家庭生活才能多姿多彩，家庭氛围才能更加温馨和谐。

第二，每个家庭成员都应当承担自己的责任和义务。在一个家庭中，每个人都有自己的角色定位，例如有人是爸爸，有人是妈妈，有人是儿子，有人是女儿……不管怎样，人人都应当承担起自己的那份责任。作为家长不仅要赡养自己的父母，还要抚养子女。作为正在上学的孩子，除了听从父母的教育之外，还要努力学习，做到责任到位、分工明确。

当然，要建立幸福的家庭还包括其他很多方面。但是，无论怎样，在家庭生活中，如果家长发现孩子比较排斥现有的家庭氛围，那么一定要找到原因所在，在最短的时间内加以改善，否则，家庭就成为孩子眼中束缚自由的"鸟笼"。

九、孩子教育中的红白脸对唱

在孩子受教育的过程中，很多家长的做法是与学校背道而驰的，甚至将二者对立起来，也就是学校唱白脸，家长唱红脸。这根本不利于孩子朝良好的方向发展。

案例1：一名学生在完成家庭作业时字迹潦草，多次被老师要求重写，但没有什么效果，于是老师就把学生的家长请到学校来协商，听完老师的话后，家长对孩子说："你听老师怎么说了吗？我是不管的，我把你交到学校，什么事情都应该让老师管，你也应该听老师的话。"

案例2：英语老师要求学生每天回家之后读英语，背英语单词。为了保证学生能保质保量地完成作业，老师要求家长签字证明，结果还是有个学生没有做到。

老师问："为什么你家长没有签字啊？"

学生回答说："我爸妈没学过英语，也不认识英语单词。"

"那你回家之后跟着录音机读和背吧。"老师给了他另一种学习方法，但仍然要求家长签字。

第二天，学生主动把家长签字的作业交给老师看，上面写着一行字让老师顿时哑口无言，即"教英语不是英语老师的任务吗？如果都需要家长来教，孩子就不需要到学校上学了，希望老师在学校多费力"。

案例3：一个学生因为没有按时完成作业，被老师请家长到学校里来。孩子感到丢人，于是开始逃课，老师也找到家里来了。看到孩子这样，父亲生气地说："以后不许逃课了，你不见了，老师是要负责的。"

如果你是老师，听到家长说这样的话，试想一下你会是什么感觉？作为家长，或许你会认同这些家长的说法和做法，或许持反对态度，认为"把孩子教育好是家长和老师的共同目标。当孩子犯错误的时候，不能只从一方面找原因，而是要综合起来考虑"。

事实上，在教育孩子的过程中不能只依靠老师，同样需要家长的配合。能否使家庭教育和学校教育达成一致直接关系着孩子教育的效果。如果没有家庭教育的配合，学校教育就如同跛脚的孩子无法正常行走。所以，只有家长密切配合，孩子才会高质量地学习。

当然，家庭教育做到与学校教育的统一在很多方面都有重要意义：

第一，要想提高教育的整体效益需要家庭和学校的密切配合。虽然家庭教育特点与学校教育大相径庭，但是二者是一个连续的过程。孩子在学校受教育之后回到家中需要家庭教育，而接下来又是学校教育，周而复始地循环下去，形成了一个教育系统。在这个系统中，家庭教育和学校教育不能割裂开来，需要二者的密切配合，因为脱离了学校教育的家庭教育是不健全的，而脱离了家庭教育的学校教育是低效率的，只有二者相辅相成才能为孩子提供良好的学习和生活环境。

第二，在目标一致的基础上充分发挥学校教育和家庭教育的独特优势。学校和家庭之所以要对孩子进行教育是希望他们将来成为对社会有用的人才。在学校中，孩子可以充分感受集体氛围，锻炼孩子适应集体生活的能力。当然，这也是学校教育的优势。然而，学校实行的是共性教育，其目的是让孩子在某一个阶段需要达到一定的要求，这就是其缺点。但是，这个缺点正好可以由家庭教育来弥补。家庭是社会中的一个个体，而爸爸、妈妈、孩子都属于家庭中的个体，在家庭中，他们可以尽情展现自己的独特性。家长通过"因材施教"可以帮助孩子们保持住自己的个性。在这个过程中，孩子充分感受到了亲人之间的情感交流，所以更容易接受教育。因此，相对于学校教育，家长可以在充分了解孩子的基础上对其进行教育，灵活采用多种方法，而且还不受时间、地点等条件的限制，所以教育效果会更好。

总之，无论学校和家庭使出怎样的办法来展现自身教育孩子的优势，一定要记住二者保持一致的重要性。否则，孩子就会无所适从，最终导致教育失败。

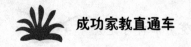

十、《伊索寓言》的魅力

通常我们会用"读万卷书，行万里路"来说明如果想让自己才识过人，需要努力读书，同时也要让自己的所学应用于实践，做到学以致用。可见，学是用的基础，学习的过程也就是读书的过程。读书对一个人的意义是不可言说的，它不仅可以开阔人的眼界、丰富人的思想，更重要的是它可以影响人的精神状态。

一般说来，在孩子上学之后，很多家长只是关心孩子的成绩好不好，课本上的知识学会了没有。对于其课外阅读，家长无非有这三种态度：认为"除了课本之外，所有的书都是闲书，坚决不允许看"；觉得"看不看随便孩子，只要能把课本知识学好了，其他时间爱干什么干什么"；认为"适当地阅读课外读物对孩子健康成长是非常有利的，当然这些读物必须是适合孩子所处年龄段的"。事实证明，第三种态度更为正确。对于正在上小学的儿童来说，学习正处于打基础的阶段，应当以学习课本知识为主。但是，并不是只有课本知识才是基础知识，适当阅读一些相关课外读物不仅能够扩大孩子的知识面，而且还有利于孩子的智力发展。所以，很多教育专家都建议孩子多读课外书，从中汲取各种知识。

作为家长，或许你也有这样的体会，小时候读过的一本书或者是看过的一个故事在你确定理想和目标的过程中起到了重要作用。同样，孩子读一些有益的课外读物不仅可以增长知识，还可能对自己的一生产生深远的影响。因此，在孩子完成了学习任务之后，家长可以帮助孩子选择适合他们阅读的课外书籍，鼓励他们多看对自己有益的课外书。例如，《伊索寓言》这本书以飞禽走兽为主角，通过生动的描写、逼真的讽喻、精彩的故事情节，阐述了日常生活中许许多多深刻而含义丰富的寓言哲理。孩子在读这本书的过程中，不仅增长了见识，而且懂得了很多人生道理，进而强化了父母的教育。

一般情况下，让小孩子多读一些有关名人青少年时期的故事，以及历史上的爱国英雄、革命先烈的故事之类的书籍是非常有好处的。在阅读这类书籍的时候，孩子不仅可以培养爱国主义情操，而且还能汲取精神力量，找到自己学习的榜样。

除此之外，家长还应该让小孩子多读一些生动有趣的童话故事、民间故事、科普读物，以及历史和地理方面的知识性读物。阅读童话故事和民间故事可以提高孩子的逻辑力、思维力和想象力，同时对于培养孩子的语言能力也很有好处。在文学读物的熏陶之下，他们可以培养自己的写作能力和阅读理解能力。阅读科普读物可以增加孩子的科学知识，培养他们对科学研究的兴趣，提高他们善于思考的能力。阅读历史和地理等知识性读物可以开阔孩子的眼界，做到博古通今。总之，课外读物的种类要多一些，内容要宽泛些。如果你发现孩子只喜欢读故事书，那么应该引导他们多看一些科普类的书；如果发现孩子只对科学感兴趣，你需要引导他们多去阅读一些文史书籍。只有这样才能保证孩子的知识面不会过窄，这对他们的将来只有好处没有坏处。

鼓励孩子阅读课外读物并不代表对其没有限制。无论是读物的内容还是阅读的时间，家长应当对孩子起到监督作用。在孩子选择读物的时候，家长尽量在孩子阅读之前先读一遍，如果发现有对孩子身心健康不利的内容则要排除在外。另外，在阅读时间上，家长也要适当控制。如果阅读时间过长，不仅耽误正常的学习时间，而且也不利于休息，对第二天的上课也会产生影响。因此，在鼓励孩子阅读课外书籍的同时一定要做出有利引导，引导孩子去看那些有益于身心健康的书籍。否则，整个家庭教育就会偏离家长所期望的正常轨道，影响孩子的健康成长。总之，作为家长一定要重视课外读物对孩子各方面所产生的影响。

第三章

为孩子洒下爱的阳光

一、被小鸟赞美的小河会流动

有一条小河静静地躺在那里，但是内心充满了孤独和寂寞。突然，一只非常口渴的小鸟飞过来想要喝口水，谁知喝了之后，立即又吐出来了，骂道："该死的蠢河，水怎么这么腥啊。"随后，它就气冲冲地飞走了。听到小鸟这样骂的小河甚是不快，觉得连小鸟都这样说它，肯定没有了希望，整天郁郁寡欢，最后越来越臭，成了一汪死水。

同样是面对同种情形的另一条小河，却非常幸运地遇到了一只善良的小鸟。在它喝完水之后，小鸟赞美道："真是舒服啊！小河，你真是太美了，不知道你奔跑起来之后会是什么样子呢？真想看看啊！"或许小鸟的话真的起作用了，它果然重新流动了起来。

在家庭教育中，如果孩子是那条小河，父母就应当是那只善良的小鸟。在孩子成才之后，当问其家长是怎样教育孩子的时候，或许你会听到这样一句话"孩子是夸出来的"。当然，夸奖孩子不仅能体现出家长对孩子的欣赏和赞扬，更重要的是它可以鼓励孩子朝着更好的方向发展。生活中没有一个人讨厌被夸奖，在很多时候，别人的赞扬会变成自己前进的动力。

曾经一个很有名气的画家在谈到他为什么从事画家这个职业的时候说："这完全是巧合。当然也是缘于一位美术大师的美德。"

在接触绘画之前，他对绘画一窍不通，当时正处于人生低谷期的他心情糟透了，于是朋友带他出去散心。在一次偶然的机会中，他结识了这位美术大师。听到他的惨痛遭遇，大师也非常同情，于是提议收他做学徒。虽然这位大师是众多绘画爱好者的仰慕者，但是对于大师的提议他并不感兴趣，他觉得绘画不能当作吃饭的职业，如果无法成名，一辈子都要过穷日子。另外，即使与成名没有关系，他觉得自己已经过了学习绘画的最好年龄，属于半路出家，对自己没有信心。

针对他的这些顾虑，大师说："谁都不是天生会画画的料，只要你想学，一定就能学好。"看到大师盛情难却，所以只好尝试一下了。当时，大师首先让他拿起画笔随便画一棵树，但是过于紧张的他一直在打哆嗦，他画的树干弯弯曲曲的。他自己都感觉特别不好意思，谁知大师却连连称赞。大师说："在画树的时候就要画到树无寸直，否则树就没有灵气了。"而且还夸奖他有绘画的天赋。

听到大师如此点评自己的拙作，于是决定潜心学习绘画，通过不断努力，他终于成了真正的画家。无论到何时，他始终都不会忘记大师对自己的赞扬和鼓励，也正是因为大师的赞美，他才能够走上一条原本就可以走通却始终不敢尝试的道路。

可见，他人的夸奖是一个人成功的助推器，在某些时候甚至会决定着一个人能否取得成功。

当然，这个故事中所体现出的道理也是适合家庭教育的，那就是家长不要吝啬对孩子的赞美。在孩子有一点点进步的时候，家长可以说："你真棒！"在孩子遭遇失败、心情沮丧的时候，家长可以说："没关系，下次会做得更好！"在任何时候，家长应当给孩子鼓励，而不是批评。每个人都会在意别人对自己的评价，孩子也是如此。在孩子眼中，老师固然很重要，但他们只是在自己的学习过程中扮演角色。在生活中，家长比老师更重要。孩子不仅希望能得到老师的表扬，同时也希望家长可以表扬自己。例如，学校中的老师教育学生要懂礼貌，在学生回到家之后就成了孩子，如果孩子能够主动叫"叔叔好、阿姨好"，家长对于孩子的这种行为可以夸奖："孩子，你真是太懂礼貌了。"相信在教师的教育下、家长的夸奖下，孩子会朝着更加美好的方向前进。

当然，家长对孩子不吝啬赞美之词并不代表夸奖没有限度，更不代表家长要对孩子所做的任何事情都要夸奖，这种夸奖和赞美应当做到恰如其分。例如，当孩子拿着一张连他自己都不满意的画给你看的时候，你还要继续夸奖吗？你还要赞扬他的画是最好的吗？如果你这样做了，孩子会非常失望的，因为他此时所希望的是你能提出意见并给出让他加以改正的建议，这样才能取得更大的进步。

除此之外，家长还应当善于发掘孩子的可赞美之处。每个孩子都是有自己长处的，只要家长能够仔细观察，一定可以发现孩子可赞美的地方。与此同时，在赞美孩子的时候尽量做到具体化。例如，当你下班回到家之后，孩子看你非常累，于是主动给你拿拖鞋，这个时候的"谢谢你帮妈妈拿拖鞋，妈妈太高兴了"会比"你真棒"更有效果。

总之，在家长的不断鼓励之下，孩子的自信心会不断增加，即使面对学习和生活中的挑战和困难，他们也能应付自如。

二、自信是成功的锦囊妙计

从与家长的交流中我们经常会听到这样的话："真不知道我这孩子是怎么了，我也没说过他笨，但是他害怕做任何事情。你一再鼓励让他去做，但总是听到'我不行'的回答，以后进入社会可怎么办啊！"或许这种苦恼也曾经发生在你的身上。

孩子的这种不自信是天生的吗？如何做才能让孩子变得更加大胆和自信呢？或许很多家长都在寻找孩子不自信的原因，虽然他们尝试从孩子身上着手，但总是无果而终。此时，家长何不考虑一下这事儿与自己有没有关系？如果对孩子的不自信进行追根溯源的话，就会发现：纵然孩子自身有部分原因，但是罪魁祸首是家长，正是家长的不自信或者是对孩子的过分要求以及不信任造成的。例如，很多家长认为孩子太小，做什么都不行，所以就全权代表了。就在孩子需要独立面对很多事情的时候，家长却"挺身而出"、"独当一面"，把所有本来需要孩子亲自解决的问题给包揽了下来，在以后面对同样情况的时候，孩子仍然不知道如何处理，或许还是需要家长"出马"。久而久之，这就造成孩子不会与他人交往、做事情以自我为中心、缺乏独立的人格，最终无法做到自信。

古希腊的一位大哲学家在临终前有一个不小的遗憾——他多年的得力助手，居然在半年多的时间里没能给他寻找到一个最优秀的闭门弟子。

这位哲人在垂暮之年时，知道自己没有多少时间了，于是想找机会考验和点化一下那个整天跟在自己身边，而且表现一直也特别优秀的助手。他把助手叫到床前说："我这根蜡烛已经快烧完了，我需要找另一根蜡烛接着点下去，你明白我的意思吗？"

那位助手马上说:"明白,我知道您的意思是能找个接班人,然后把您的思想很好地传承下去。"

看到助手确实是明白了自己的意思,于是哲人就说:"可是,我需要的那位传承者必须是非常优秀的。他不仅要有过人的智慧,而且还要有充分的自信心和非凡的勇气。到目前为止,我还没见过这样的人,你能帮我找一位吗?"

听了哲人的条件之后,助手心里有数了,于是连连回答:"好的,好的。我一定会想尽一切办法去寻找,绝对不辜负您的信任和栽培。"

哲人笑了笑,没再说什么。

的确,这位助手对哲人是非常忠诚的,他希望靠自己的努力完成哲人的这个心愿。但是,他所找到的那些优秀之人都被哲人一一谢绝了。有一次,那个助手实在是找不到合适的人选了,于是垂头丧气地回到了哲人病床前,那时的哲人已经病入膏肓了,但他还是硬撑着坐起来。看着筋疲力尽的助手,他心疼地说:"真是辛苦你了,不过,你找来的那些人,其实还不如你……"

没等哲人把话说完,助手又表达了自己可以找到优秀继承人的决心:"我一定加倍努力,即使找遍世界各地,我也要把最优秀的人给挖掘出来,然后再推荐给您。"

看到助手还是如此执着,哲人笑而不语。

眼看着哲人就要离世,助手实在是无能为力了,跪在哲人床前说:"我实在是对不起您啊,连这么个事情都办不到,真是让您失望了。"

看到痛哭流涕的助手,哲人失意地说:"失望的是我,对不起的却是你自己。"

等稍微平复一下心情之后,哲人不无哀怨地说:"其实,最优秀的那个人就是你,但是你从来都不相信自己,所以把自己给耽误了。事实上,每个人都是最优秀的,只是认识、挖掘和利用自己的方式不同……"还没等话说完,这位哲人就永远地离开了人世。

那位助手非常后悔,甚至自责了整个后半生。

这个故事告诉我们的道理是:每个人都有大于自身的力量。不是因为有些事情难以做到我们才失去自信,而是因为我们失去了自信,有些事情才显得难以做到。可见，我们每个人都是一座金矿，都需要自信地挖掘自己。

如果想让孩子建立起自信心来，家长首先要做到自信。在孩子眼中，家长是最好的学习榜样，而且也是自己的模仿对象。在孩子面前，家长要表现出强大的自信心，特别是在遇到了困难和挫折之后，家长一定要保持积极的心态，相信困难一定可以迎刃而解。父母的这种"姿态"会给孩子留下深刻的印象，以致在学习或生活中出现问题的时候，孩子也能独立面对，找到解决问题的办法。可见，父母的言传身教对孩子自信心的建立有着重要的影响。除此之外，帮助孩子建立自信的大忌是当着自己孩子的面儿去过度地表扬其他同龄的孩子。因为这种横向比较会让孩子觉得无论自己怎么做，在父母眼中都不算是好孩子，所以就会产生自卑心理。因此，家长们在家庭中教育孩子的时候一定要以"换位"的方式来思考自己的作为是否会打击到孩子的自信心，如果之前确实存有这样的情况，那么此后一定要加以改正。

与此同时，让孩子去做力所能及的事情也可以培养孩子自信心。例如，在吃过晚饭后你在厨房刷碗的时候，孩子可能会过去"掺和"，此时你完全可以让他尝试。在这个过程中，孩子不仅觉得自己可以帮妈妈做家务了，同时也会因为得到了妈妈的信任而高兴不已。慢慢地，孩子就会越来越敢于尝试新鲜的事物，前提是只要有机会。另外，家长应该让孩子养成"自己事情自己做"的良好习惯，这可以培养孩子生活自理的能力。

在孩子取得进步的时候，家长一定要表扬他们。千万不要认为他们取得进步是应该的，你应该明白这都是通过他们的努力换来的。每个人都希望别人能看到自己的付出，孩子也是如此。所以，在他们看来，家长的肯定和鼓励是最好的奖赏，他们会再接再厉，争取取得更好的成绩。

总之，家长的一言一行都可能会影响孩子自信心的建立，所以在了解孩子自身条件的同时，家长需要花费更大的心思去为孩子创造更好的条件，为他们成为自信的人助一臂之力。

三、分数不是任何人的命根儿

在现实生活中，很多家长评价孩子的标准就是学习成绩。在这些家长眼中，学习成绩好的孩子就是"好孩子"，而成绩差一点的孩子就是"坏孩子"，而且还教育自己的孩子离这些"坏孩子"远点儿。他们只关注孩子当时的表现了，殊不知孩子的学习成绩是有很大浮动的，特别是那些正在上小学的孩子。所以，对于孩子的作业和成绩，家长不要过于看重，更不能以此作为评价孩子的标准，而是从中分析孩子的学习态度以及存在的各种问题，积累经验教训，帮助他们找到原因并加以改正，使其在之后的学习中能做得更好。

不知大家有没有听过鹅卵石和钻石的寓言故事：

一天晚上，一群游牧部落的牧民正准备安营扎寨休息的时候，忽然被一束耀眼的光芒所笼罩。他们知道神就要出现了，因此，满怀殷切地期盼，恭候着来自上苍的旨意。

神出现了，开始说话："你们沿途要多捡拾一些鹅卵石，把它们放在你们的马褡子里。明天晚上，你们会非常快乐，但也会非常后悔。"

说完，神就消失了。牧民们感到非常失望，因为他们原本期盼神给他们带来无尽的财富和健康长寿，但没想到神却吩咐他们去做这件毫无意义的事。不管怎样，那毕竟是神的旨意，他们虽然有些不满，但是还是各自捡拾了一些鹅卵石，放在他们的马褡子里。

就这样，他们又走了一天，当夜幕降临，他们开始安营扎寨时，忽然发现他们昨天放进马褡子里的每一颗鹅卵石竟然都变成了钻石。他们高兴极了，同时也

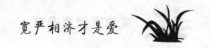

后悔极了，后悔没有捡拾更多的鹅卵石。

从故事中总结出的道理：任何看似在当时无用或者是落后的东西都可能在日后成为珍奇异宝，如同鹅卵石变钻石一样。

家庭作业是学校老师要求学生在放学之后在家庭中完成的作业，其中包括复习所学的内容和预习即将学到的知识。作为家长，我们可以关注孩子做作业的质量，甚至是辅导他们完成，如果完成情况较好还可以让他们适当做自己想做的事情。当然，有些老师习惯布置"暴力作业"是众所周知的事情。例如，白天在学生默写生字的时候，如果错一个字就要求学生回家把所有的生字抄十遍。当然教师这样做是为了学生好的用意无可厚非，但是这种做法是否正确还是有待商榷的。

"暴力作业"会让学生觉得自己受到了不公平待遇，甚至是浪费时间，没有丝毫用处。在完成"暴力作业"的过程中，孩子心中充满了怨气，只是为了完成而完成。不仅影响学习效率，而且还对身心健康非常不利。此时，家长可以干预进来，鼓励孩子拒绝做"暴力作业"。当然，这种做法也会引起很多的争议，有的人认为这是对老师的不尊重，有的人认为这是在惯着孩子，但无论怎样，这件事情足以证明在孩子教育中并不是只有老师起主导作用，家长也有话语权，只要是对孩子身心健康和发展有好处的事情，家长就应该去做。与此同时，拒绝"暴力作业"并不代表着可以拒绝所有的家庭作业。

很多老师布置的作业是带有科学性的，家长应当鼓励和要求孩子必须完成。在完成之后还要让孩子自己去检查错误，这个过程需要孩子亲身经历，而不是代替他们检查作业。如果孩子不会检查，家长还应当教给他们检查作业的办法。只有这样，才能端正孩子的学习态度，帮助孩子养成认真做事的好习惯。如果发现孩子作业中出了很大的错误，家长不要严加责备，而是帮助孩子找到出错的原因并加以改正。只有这样，做家庭作业才变得对孩子成长有意义，对孩子学习有好处。

另外，在中国应试教育的大背景下，每个学生和家长都视分如命，甚至还有"分分分，学生的命根儿"这样的说法，这是对中国教育现状的真实写照。孩子在学校中要不时地承受测验和考试的压力，他们希望自己能考个好成绩拿回家给父母看，但是在很多时候或许并不能如愿以偿，然而，他们真的尽力了。如果孩子考试成绩不理想，家长不要过于责备，而是要多一些鼓励和安慰。成绩固然很重要，但是家长需要更加注重孩子的身体健康和心理健康。成绩不能完全代表孩子的智力和能力，只要他够聪明、够活泼、懂道理、有修养、有主见，他就是一个好孩子。其实，孩子的成绩出现浮动是非常正常的现象，因为它与很多因素都不无关系，如家庭环境、学校环境、自身努力的程度等。所以，成绩不好不能把所有原因都归结在孩子身上。俗话说"压力就是动力"，孩子在学习过程中的确需要一定的压力，但是压力不能过大，否则就变成了阻力。所以，家长一定要把握好这个度，只要孩子尽力了就不要再求全责备了。

四、月缺就是为了有月圆时刻

每当八月十五月圆的时候，家人们都会围坐在一起赏月。人们欣赏皎洁的月光，更希望这一刻可以长留。但是，月一直圆是不现实的。月圆是在经历了一次次的月缺之后才实现的。

在生活中，经常有一些家长抱怨自己孩子不愿意跟别人分享自己的东西，害怕长大之后变的"自私"。其实这个问题并没有上升到道德层面，因为这是每个孩子成长的必经之路。

孩子在一定时间段是不愿意跟别人分享自己私人物品的，因为他觉得这东西是"我的"，这是在进行自我认知，之后才慢慢学习"你的"、"他的"、"他们的"。从某个层面上可以认为，如此种种都是处于月缺时刻，只要不断改正，必然会有充分表现自我的时刻。

自我认知是指一个人对自己的观察和理解，也就是通过自我观察和自我理解来进行自我评价。自我观察是对自己的感受、精神、理想和信念等方面的觉察，而自我评价是对自己的各方面进行评估，简单来说就是明白自己的优点和缺点。

每个人都需要有自我认知能力，只有这样才能明白自己适合干什么、哪里做错了、如何改正自己的缺点……当然，孩子也是需要这种能力的。如果孩子无法正确认识自我，就不可能确定完整的自我观念，更难以融入集体生活中与他人和谐相处。例如，有些独生子女由于受到长辈的过分溺爱，从小就养成了随心所欲的生活习惯，更严重的是缺乏正确认识和辨别自己行为的能力，无法融入集体和社会。由于他们不懂得如何与他人相处，所以在学校中经常与同学产生矛盾。其实，他们的智力没有什么问题，只是缺乏自我认知能力。

如果孩子缺乏自我认知的能力，他们就会出现各种各样的问题。如果过高地评价自己，就会骄傲自大、盲目乐观，严重的话还会犯下不可饶恕的错误；如果对自己评价过低、对自己没有信心，那么就会产生自卑心理，处处感觉自己比不上别人，这也会影响孩子的心智正常发展。作为家长，你了解自己孩子的长处和短处吗？作为外人，你是如何评价孩子的？你了解孩子的想法吗？或许你的回答是"了解点儿，但是不全面"。的确，一个人是无法全面了解另一个人的，夸张点儿说，一个人都未必能了解自己。但是无法做到全面了解并不能代表不用了解。孩子正处于成长中，很多事情都是在不断发生变化的，所以无论是家长的还是孩子自己的认识都不可能是一成不变的。当然，变化的认识也是有基础的，更需要条件的改变。

下面这个例子证明了家长可以在某些程度上影响孩子的自我认知：

凯凯因为参加了学校的足球队，每周都要参加校队训练，所以进步非常快。在参加区小学足球赛的过程中，因为凯凯打边锋，所以几乎每场都出来，而且出乎意料地进了两个球。在区赛结束之后，凯凯所在的校队进入了区前三名，所以获得了参加市赛的资格。在区比赛期间，教练发现凯凯是可以打中锋的，所以决定参加市赛的时候让凯凯打中锋。谁知，教练的这个决定让凯凯变得忐忑不安起来，因为在区比赛中进的那两个球是偶然的，另外，他觉得自己个子不够强大，不适合打中锋。可是，教练认为自己没看错，还是坚持让他打中锋。

回家之后，看到凯凯闷闷不乐，妈妈就问他怎么了。凯凯把自己的顾虑告诉了妈妈，说自己害怕打中锋输了之后，队友都怪罪他。为了逃避打中锋，凯凯甚至想让妈妈给找个借口离开校队。

妈妈并没有照凯凯所说的去做，而是鼓励凯凯接受打中锋的任务。为了让儿子变得有信心，妈妈要求凯凯参加校队的训练之外，还专门找教练为凯凯训练中锋的技巧，并且以打中锋的身份在这个教练所带球队中参加了几次正规比赛。一段时间后，凯凯信心大增，觉得自己一定可以成为一个很好的中锋。后来的市赛成绩也证明了他的成功。

纵然，凯凯对自己的认识是比较消极的，但是母亲的努力让这种认识朝相反的方向发展，相信之后再遇到类似的情况，即使没有母亲的指点，凯凯也可以克服很多困难。所以，在孩子自我认知的不断提升方面，家长所发挥的作用是不可小觑的。正是因为孩子这些缺点的存在，家长才有了努力的方向，进而使孩子不断进步和成长。

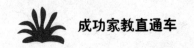

五、让孩子输在起跑线上也无妨

在中国，"别让孩子输在起跑线"的观念已经深入父母心。在孩子懂事之后，家长们就开始为孩子们挑选兴趣班。虽然无法对这种现象做出一个最为准确的评价，但它最起码说明了家长对开发和培养孩子兴趣的重视。然而这并不是一件简单的事情，因为选择兴趣班并不是孩子去参加就可以了，它需要家长花费一定的精力来配合。因此，在为孩子选择兴趣班的时候，家长们一定慎重，千万不能盲目跟风，否则不仅花费大，而且还可能扼杀了孩子原本就有的兴趣。

如今社会上的兴趣班五花八门，当然它们的存在也是有价值的，但是很多家长只是一厢情愿或者是没有经过孩子的同意就为他选择了兴趣班，结果得不偿失。家长们在选择兴趣班的时候通常存在几个误区：孩子没有兴趣，但是自己有兴趣，于是强加给孩子；让孩子参加兴趣班带有某种功利目的，急于求成，只注重结果，不注重过程；兴趣班收费越贵越好，报的兴趣班越多越好……

其实，出于孩子成才的考虑家长这样做本是一件无可厚非的事情，但是如果无法正确地为孩子报兴趣班，往往导致事与愿违。家长如何做才能既培养了孩子新的兴趣，而又不扼杀他们原有的兴趣呢？

首先，家长应当根据孩子的兴趣和特点去选择兴趣班。究竟什么是"兴趣"呢？当被问到有什么兴趣的时候，人们的答案是多样的，如唱歌、跳舞、打篮球、弹钢琴等。可见，这是人们喜欢和擅长做的事情，所以，兴趣是人们喜欢并想参与其中的一种情感。当然，孩子的兴趣就是孩子想要做的事情。因此，家长在帮助孩子选择兴趣班的时候要事先了解孩子的需求，在日常生活中观察他们的爱好，然后再报相关的兴趣班。这样他们能够入门并坚持下来。否则，让孩子去做他们根本不喜欢的事情是特别痛苦的，最后多半半途而废。

其次，家长在选择兴趣班之前要对其进行相关的了解。目前，社会上的辅导机构特别多，而授课老师的水平也有很大差别，老师自身的条件直接关系到孩子的学习效果。如果孩子无法适应他们的授课方法就会厌学。所以，家长可以通过向其他家长打听了解，然后再做出决定。

再次，兴趣班并不是报得越多越好。每个人的精力和时间都是有限的，在一定时间内，一个人只能集中精力做好一定的事情，在做完之后还需要休息。孩子也是如此。如果家长们把孩子除了学习、吃饭和睡觉外的时间全部安排在兴趣班上，他们能受得了吗？他们不仅不能像其他的小朋友那样做自己喜欢的事情，而且还得用有限的时间去记住无限的知识点。这负担也太重了。所以，家长们如果想让孩子有一技之长可以报兴趣班，但不宜过多。如果孩子想学的东西确实太多，可以分开来报，提高孩子学习的效率。

最后，千万不要急功近利，更不要只重结果，不重过程。有些家长之所以为孩子报兴趣班是带有某种功利目的的，他们希望孩子有朝一日成为大明星、歌唱家、演讲家，名扬国内外。因此，在相比几家兴趣班之后，他们更倾向于那些有让自己孩子成为名人的潜力的机构。其实，这种做法只会让自己刚开始信心满满，到最后失败连连。所以，在做任何事情的时候不要过于在乎结果，只要过程充实就已经达到目的了。

总之，无论为孩子做什么事情，一定要做智慧型家长。

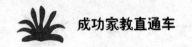

六、倾听是为了更好地行动

　　良好人际关系的形成需要沟通，而沟通的前提是倾听。在家庭教育中，父母只有善于倾听孩子的心声，才能明白孩子在想什么、需要什么，进而有针对性地为孩子提供帮助和支持，使之后的沟通变得更加容易。

　　一对夫妻抱怨自己的孩子根本不听话，而且还经常顶撞他们，对于父母的"控诉"，孩子说："爸爸在客人面前总是损我，我给他提意见，他从来都不听。下班之后，他只知道看电视、玩游戏，从来不会读书看报；整天在家抱怨得不到老板的重视，但是他为什么不努力学习业务知识呢？妈妈下岗之后对工作特别挑剔，但是又找不到合适的，所以气儿不顺的时候，天天骂我，对我的要求都特别苛刻，他们自己都做不到，为什么还要求我啊？"

　　在这个事例中，家长并没有把孩子看作独立的个人，更没有尊重他，甚至只是把孩子当成自己的"撒气筒"。在孩子提出意见之后，家长也没有认真听取，而是一如既往，以致孩子忍受不了父母，做出反抗父母的举动。可见，如果想要建立一个和谐的家庭，家长们需要倾听孩子的心声，了解他们内心深处的想法。

　　要想让孩子主动倾诉自己的想法，父母应该成为孩子的朋友。家长应当把孩子看作一个独立的个体，尊重他们，给他们做决定的权利，如果持有不同的观点，则需要与孩子心平气和地讨论。当发现孩子有某些异常举动的时候，家长应放下手中的工作，营造一个可以倾听他人讲话的氛围，如在公园中散步，这样可以为孩子提供表达自我的机会。

　　另外，当孩子谈到自己想法的时候，家长应当给予承认和肯定。他们的想法都是其自身特点的反映，如果的确存在有失偏颇之处，也不要中途打断孩子，更不要一概否定，而是要在听他说完之后说出自己的想法，然后再共同探讨。对于孩子的错误想法，家长应及时疏通，做到因势利导，在给孩子提供和谐家庭环境的同时，还能引导其向更好的方向发展。

丽丽是一名上小学五年级的女孩。最近，丽丽妈妈发现女儿有些异常，经常闷闷不乐，而且也不像以前那样爱说爱笑了。丽丽妈妈想女儿一定有心事，于是决定跟她好好谈谈。

这天，吃过晚饭之后，妈妈拉着丽丽的手说："我女儿这段时间有点不高兴啊，走，妈妈带你去公园散步去！"

一路上，丽丽都没有说话。走到一张长椅前，妈妈拉着丽丽坐下了。看着女儿欲言又止的样子，妈妈说："丽丽，你已经长大了。每个人长大了都会有心事，我也有。再说，我不光是你的妈妈，还是你的朋友啊。你心里有什么事情可以告诉我，即使我帮不了你，但是可以分担一点啊。我一定会给你保密的。相信我！"

听妈妈这样说，丽丽放开了顾虑，告诉妈妈："我觉得这件事情不太好开口。我害怕你听了之后会生气。"

"傻闺女，我就是从你这个年龄段过来的，有什么不能理解的。"

"那就好。你知道我的同学小波吧？"

"我知道啊，他学习成绩不是一直很棒吗？"

"我们平时关系很好，今天他竟然说喜欢我。我不知道该怎么办，我害怕老师和同学知道后会议论纷纷。"憋了许久的话终于吐出来了，丽丽顿时感到一丝轻松。

妈妈终于弄明白了，原来女儿就是为这件事情烦心啊。她告诉丽丽："有人喜欢是好事儿啊，这说明你优秀。其实，妈妈也曾经历过这样的事情。"

"真的吗？那妈妈当时是怎么处理的？"丽丽突然觉得自己找到了方向。

"当时我比你年龄还大点。邻居家的一个男孩经常骑自行车载我上学，后来他告诉我他喜欢我。我告诉他想让他做哥哥，后来就真的成了哥哥，而且也一直保持着好朋友的关系。后来因为一些原因失去了联系。我相信你可以处理好这件事情。你们现在年龄都还小，你告诉小波你们可以做好朋友，在学习上相互帮助。

我相信小波会想通的。如果再有什么烦恼，就随时告诉妈妈。"

丽丽高兴地说："妈妈，你真好！刚开始我还真不敢跟你说呢。"

此次的倾听不仅化解了孩子心中的烦恼，家长也可以了解孩子生活的很多方面，可谓是双赢啊。

当然，作为父母，我们不管做什么都是为了孩子好。既然我们爱孩子，希望他们能健康成长，为什么不能倾听他们呢？在倾听过程中，家长可以融入自己的宽容、理解和爱心，与孩子建立良好的关系。如果家长没有"倾听意识"，在孩子表达自己的时候中途打断，甚至一味地把自己的情绪强加在孩子身上，必然会产生非常糟糕的影响。作为孩子，自己的话语得不到父母的重视，只能把秘密埋藏在心底，长此以往，心里的事情越来越多，整天郁郁寡欢。而家长拒绝倾听必然导致无法了解孩子，更难以做到有的放矢，在教育孩子方面不可能有大的作为。无论是对孩子还是对家长来说，没有倾听就没有成长，更不可能取得长足的进步。

七、父母拒绝做"救世主"

相信大家对美国著名作家艾尔玛·邦贝克《父亲的爱》这篇文章并不陌生，但在这里有必要再欣赏一下：

爹不懂得怎样表达爱，使我们一家融洽相处的是我妈。他只是每天上班下班，而妈则把我们做过的错事开列清单，然后由他责骂我们。

有一次，我偷了一块糖果，他要我把它送回去，告诉卖糖的说是我偷来的，说我愿意替他拆箱卸货作为赔偿。但妈妈却明白我只是个孩子。

我在运动场打秋千跌断了脚，在前往医院途中一直抱着我的，是我妈。爹把汽车停在急诊室门口，他们叫他驶开，说那空位是留给紧急车辆停放的。爹听了便叫嚷道："你以为这是什么车？旅游车？"

在我的生日会上，爹总是显得有点不大相称。他只是忙于吹气球，布置餐桌，做杂务。把插着蜡烛的蛋糕推过来让我吹的，是我妈。

我翻阅旧照片时，人们总是问："你爸爸是什么样子的？"天晓得，他老是替别人拍照。妈和我笑容可掬地一起拍的照片，多得不可胜数。

我记得妈有一次叫他教我骑自行车，我叫他别放手，但他却说是应该放手的时候了。我摔倒之后，妈跑过来扶我，爹直挥手要她走开。我当时生气极了，决心要给他点颜色看看。他只是微笑。

我念大学时，所有家信都是妈写的。他除了寄支票以外，还寄过一封短束给我，说因为没有我在草坪上踢足球，所以他的草坪长得很美。

每次我打电话回家，他似乎都想说话，但结果总是说："我叫你妈来听。"我结婚时，掉眼泪的是我妈。他只是大声擤了一下鼻子，便走出房间。我从小到大都听他说："你到哪里去？什么时候回家？汽车有没有汽油？不，不准去。"爹完全不懂怎样表达爱，除非……

在文章中，作者以朴实、平淡的笔调描述了不懂得怎样口头表达爱的父亲寓爱于平凡的日常生活中。父爱虽然不是直截了当的，但并非是感受不到的。作者善于把母亲细微、体贴的爱与父亲的大大咧咧，甚至近乎生硬、冷酷的爱有机地结合起来，读来真切感人，合乎情理。虽然父亲对儿女看似没有爱，却比任何爱来的都深沉，可见爱的表达方式有千百种，甚至有些方式让人疑惑不解。

在人生旅途中，没有人可以一帆风顺，遇到各种各样的困难和挫折是非常正常的事情。人们在磨炼中成长、成才，所以家长应当教育孩子学会感恩挫折，在挫折中不断进步，而不是抱怨命运，被困难打败。

其实，在很多时候挫折的存在是非常有意义的，它可能成为一个人成功与失败的分水岭，如果你战胜了挫折，从某种程度上来说，你是一个成功之人，否则就是失败的。

近年来，有很多关于因为学生无法承受挫折而采取极端方式来解决的例子。例如，有一位高中生一直都是班里的第一名，对高考充满了期待，他相信凭自己的实力一定可以上重点大学。可是天不遂人愿，在高考中，他失利了，最后连个本科都没考上。曾经众人眼中的"清华苗子"却变得如此不堪，他害怕见人，更害怕听到其他同学讨论高考成绩，过重的心理压力使他再也无法继续生活，以自杀了结了自己的生命。或许很多人都将其归为中国应试教育的悲剧，但很少有人能够关注到他从小就缺少的挫折教育。

在挫折教育的过程中，家长并不需要让孩子去经受多大的困难，而可以从小事中培养孩子的坚强品格。随着孩子慢慢长大，时间久了，他们的承受力也会越来越强。当然，挫折教育需要父母双方的配合。例如，在孩子向爸爸提出某项合理要求的时候，爸爸完全可以拒绝。而妈妈则鼓励孩子再去尝试一次，爸爸照样拒绝。来回两次之后，孩子打消了这种念头，但妈妈仍然可以鼓励他去尝试，正当孩子不抱希望前去找爸爸的时候，没想到爸爸居然答应了。此时，孩子心中就会形成这样一种观念"只要我再去尝试一次，说不定就成功了"。所以，在之后遇到任何困难或者失败的时候，他都敢于做再次的努力和尝试。可见，挫折教育是非常有价值的，他可以培养孩子的自信心，及时找到解决问题的办法，具有较强的抗挫折能力，勇于面对和战胜挫折。

因此，对孩子进行挫折教育也是父母的一种爱，也是父母智慧的体现。如果父母只是宠爱孩子，在孩子遇到问题的时候，父母齐上阵帮孩子"摆平了"，这只会让孩子变得更加自私和懦弱，凡事都依赖父母，当父母都无法解决的时候，他只能走向绝望。如果那名高中生的父母从小就加强对他的挫折教育，提高他的心理承受能力，相信在高考失利之后，他会认为这没什么，因为什么事情都可能出现"万一"，然后以积极的心态充满希望地选择重新再考一次。如果是这样的话，悲剧就不可能发生了。

因此，家长应当明白挫折教育对孩子的重要性。相信经历过挫折教育的孩子一定可以在日益激烈的社会竞争中找到自己的立足之地，而那些经受不了失败考验的孩子必定无法脱颖而出，更不可能在自己的工作领域大显身手。他们只会在自己认为不可能失败的领域中生活。

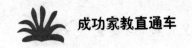

八、天性难违而需尊重的论证

众所周知，孩子只有吃好、玩好、休息好，才能有充足的精力来学习，提高学习效率。在孩子饮食方面，家长们都在尽其所能地给孩子提供充足的营养，但是在孩子玩耍和睡觉方面，很多家长却不能做得很好。他们认为如果孩子玩"疯"了就不想学习了，不仅无法完成作业，还会耽误功课的预习，同时也没有时间阅读更多的课外读物。正因为明白这个道理，家长们才限制孩子玩耍的时间，希望他们把更多的时间和精力用在学习新知识上。的确，学习的重要性不言而喻，但是玩耍也是非常重要的，如果不让孩子玩尽兴了，即使被强按下来写作业，他们也不能集中精神，心思早已跑到九霄云外了。这样不仅没有学习效率，而且还可能导致孩子失去学习的兴趣。

在谈到家庭教育的时候，很多专家都会提到尊重孩子。其实尊重孩子首先是尊重孩子的天性，理解孩子，给孩子一定的空间。

我们可以了解梅兰芳育子的故事：

梅兰芳是中国著名的京剧大师，在他很小的时候就失去了父母，童年生活非常不快乐。后来，他跟随老师学京剧，虽然没有父母的疼爱，但他通过自己的努力最终成为享有国际盛誉的艺术大师。随着生活条件慢慢变好，他明白了一个道理，即父母疼爱孩子并不是体现在给孩子提供好的物质生活条件上，更重要的是孩子独立人格的塑造。在家庭中，梅兰芳是一位和蔼可亲、令人尊重的好父亲。在戏剧界最为流行的就是子承父业，按照这种说法，梅兰芳的孩子需要从小学习演戏，长大之后做戏剧演员。但是，梅兰芳却认为父母不应该为孩子选择未来的道路，而是要尊重他们的天性发展。相对于演戏来说，梅兰芳更主张孩子多学习科学文化知识。所以，梅兰芳宠爱孩子的方式就是让他们到自己最喜欢的学校读书。除此之外，他还暗中观察孩子的兴趣爱好，为他们提供施展的平台，进而再帮助孩子确定未来的发展方向。最终，长子梅葆琛成了有名的建筑师；二儿子梅绍武成了著名的翻译家；小儿子梅葆玖继承了梅兰芳所创立的"梅派"艺术，成了表演艺术家；唯一的女儿梅葆月成了大学老师，之后也稍有涉及京剧。梅兰芳育子成才的事迹为众人所佩服，每当别人向他请教经验的时候，他总是笑着说："要如尊重观众一样来尊重孩子。"

正是梅兰芳尊重孩子的天性，并根据他们的各自特点进行培养，使所有的孩子都成为各自领域的佼佼者。

在家庭教育中，尊重孩子天性是孩子健康成长必不可少的条件，但是家长也应当给予一定的引导。与成人相比，少年儿童缺乏自制力，在很多事情上都无法做到恰如其分。如果家长过于放纵孩子的天性，他们就如脱缰的野马毫无目的地到处乱窜，任性之余也无法做到约束自我，这不利于处理人际关系，在集体生活中往往处于被孤立的状态，严重影响孩子身心健康的发展。

天性体现出孩子在特定年龄段的特点，它能从侧面把孩子最真实的一面反映出来，这是非常美好的东西。当然也需要家长的适当干涉，家长如同"矫正机"，纠正孩子所有偏离正常轨道的思想和观念，使其不断得到完善。

九、在情绪面前要水管还是水桶？

从前，有一个商人在集市上的生意特别兴隆，所有的货物都销售一空，他的口袋里塞满了金子和银子。

此刻他要回去了，想在天黑之前赶到家里。于是他把装有钱币的旅行包拴在马上，骑上马就出发了。

中午时分，他来到一座城里歇脚。当他又启程赶路时，家仆把马牵到他面前，说道："老爷，马的左后蹄的铁掌上少了一枚钉子。"

"少就让它少吧，"商人回答说："我再走六个小时就行了，这点时间铁掌是不会掉的。我急着赶路。"

到了下午，商人又下了马，让家仆给马喂点饲料，仆人来到他休息的小客房里，说道："老爷，您的左马蹄上的铁掌掉了，我要不要牵去找铁匠？"

"掉就让它掉了吧。"主人回答说："还有两个小时就到了，这点时间这马一定能坚持得住。我还着急赶路呢！"

商人接着赶路，可是走了不多一会儿，那马就开始一瘸一拐地走；它瘸了没多长时间，开始跌跌撞撞地走；跌跌撞撞地走了没多长时间，它就倒下了，腿也折了。商人只好丢下马，解下旅行袋扛到肩上，步行朝家里走去，直到深更半夜才到家。

"真是倒了大霉了，"商人自言自语道，"这都得怪那个该死的钉子！"这真是欲速则不达呀！

故事所体现出来的道理是：孩子的负面情绪就如同那颗钉子一样，它会对人产生很大的影响，甚至是致命的。

　　当然，如果再对情绪进行形象的比喻就如同水管和水桶中的水，人的身体就可以被看作水管或者水桶。当坏情绪出现的时候，如果能如水管中的水平稳地流出来，相信不会有任何的不妥之处。如果情绪没有得到及时的释放，而是积聚在水桶中，相信在倒出来的那一刹那，威力是非常大的。当然，破坏性也会更强。

　　在儿童心理发展过程中，情绪情感起着重要作用。拥有良好的情绪可以帮助孩子塑造健全的人格、形成良好的个性品质，而且还能激发儿童的学习兴趣，保证身心健康。而消极的情绪往往会使儿童变得压抑、沉闷，严重影响学习的积极性，同时也不利于人际交往。当然，无论是好情绪还是坏情绪都不是与生俱来的，它与后天环境有着重要关系。孩子的良好情绪不仅需要个人主体能力的配合，更需要家长有意识地培养和指导。所以，儿童情绪情感教育是家庭教育中不可或缺的重要部分。

　　通常来说，心理健康的孩子往往以积极的情绪情感为主导，但同时又能随着事物的变化而产生合理的情绪变化。所谓合理的情绪变化就是遇到高兴事情的时候会特别高兴，遇到不好的事情时会感到难过。除此之外，还包括能够随着场合的变化而合理控制自己的情况。例如，在游乐场里面，孩子可以尽情地玩耍；在教室中认真听老师讲课；在开会时保持安静。然而，在生活中却存在着这样的一些孩子，他们在跟别人玩耍的时候，如果没有得到自己想要的东西就会哇哇大哭；发现别人把自己的玩具弄坏了，心情极为糟糕，他会采用骂人、打人的方式来发泄自己的不良情绪。他们之所以会有这些情绪表达是因为他们只站在自己的立场上看问题，从来不考虑客观因素或者环境因素。他们哭、闹、打架是一种表达自我情绪的方式，也是心智不成熟的表现。此时，作为家长应当选择一种合理的方式来让他们把心中的不满和愤怒发泄出来。

　　关于儿童的情绪表达，心理学专家曾经说："情绪状态和儿童的生长、个性发展及认知活动有着密切的联系，儿童的心理健康应从情绪情感教育入手，给儿童一个自由的空间，让他们正确地调节、发泄自己的消极情绪，从而促进他们个人素质的全面提高。"

　　当孩子出现不良情绪的时候，家长首先要面对和接受，千万不能否定孩子的情绪和感受。每个人在任何时候都可能产生不良情绪，所以我们没有必要害怕，更不能逃避。因此，在家庭教育的过程中，家长应当灌输给孩子"遇事表达出自己可以接受的态度"的理念。

如果孩子向家长倾诉自己的"难过"时，家长应当认真倾听，而且还要做出相应的回应，表达自己对他这种情绪的理解和认可，避免对孩子的情绪进行批评。帮助孩子以较为合理的方式释放出不良情绪，如跑步、跳舞、听音乐，或者大哭一场，让孩子慢慢冷静下来。在孩子"发完脾气"之后，通常会茫然失措，不知如何是好，此时家长应当给予"爱的抱抱"，让他在精神上得到支持，只有这样，孩子才会感到心安，勇敢地面对生活中的其他事情。

在生活中，当孩子没有释放不良情绪的空间时，他们会经常压抑自己，如果心中的"垃圾"变得越来越多，很可能引发心理疾病。因此，家长应当帮助孩子勇敢地面对和克服不良情绪，冲刷掉心中的烦恼，净化心灵，健康成长。

十、如果爱我，你就抱抱我

李嘉诚先生在回忆自己所受的家庭教育时，曾经深情地说："最难忘记的是父亲的拥抱。我至今还清楚地记得，稳健而富有涵养的父亲，与我亲密接触时，常常会忍不住紧紧拥抱我，并把我举得很高。"

拥抱是家长对孩子表达爱的一种无言方式。每个孩子都渴望得到父母的拥抱。通过拥抱，孩子可以感觉到父母对自己的关爱，同时幸福感和安全感也会油然而生。在孩子还是幼儿的时候，很多家长都会抱怨："这整晚都没法睡觉，得好好抱着他，感觉他已经熟睡了，把他放下之后，他马上就开始哭。抱起来就又没事了。"其实，这是一种再正常不过的现象了，孩子在父母怀中会有一种无法言说的踏实感。幼儿尚且如此，当他们慢慢长大成为儿童、青少年的时候，同样需要父母的这种身体"支持"。可见，父母的拥抱是孩子的避风港，也是孩子成长成才的精神动力。其实，经常拥抱孩子的父母仿佛在说"无论何时父母都是他们的依靠，父母的爱永不变"。有了父母坚实的臂膀作为强大的后盾，孩子们可以尽情地展翅飞翔，即使遇到艰难险阻也不惧怕，只需要奋力拼搏、勇往直前。

所以，在生活中家长应多给孩子拥抱。如果缺乏父母的拥抱，孩子可能会通过其他方式来传达出被父母拥抱的渴望。

已经上小学三年级的小男孩儿乐乐不知道从什么时候开始喜欢上了毛绒玩具，无论干什么怀里总要抱着一个毛绒玩具。看到儿子这样，父母感觉不对劲，觉得一个男孩子不可能对毛绒玩具如此热情。看到乐乐对毛绒玩具越来越痴迷，如果不抱着它睡觉就会又哭又闹，他的父母乱了阵脚，于是决定咨询一下儿童心理学专家。在了解了乐乐的症状之后，专家只是问了一句："你们平时拥抱孩子吗？"当时夫妻二人根本不明白专家的意思，认为拥抱跟孩子的"不正常"没有任何关系。但是具体到什么时候拥抱孩子，他们还真是被问得哑口无言。原来乐乐缺乏拥抱是导致其抱着毛绒玩具的根本原因。他渴望拥抱，但是父母没有做到，所以他只有通过这种方式来满足自己的愿望。

在日常生活中，如果家长每天能拥抱孩子，时间一长，孩子也会形成一种习惯，无论高兴还是悲伤，他们都会通过跟父母拥抱将这些情绪表达出来。父母可以通过拥抱孩子来拉近距离，增加孩子的信任感和亲近感，当然这对孩子良好性格的养成也有积极的影响。

在孩子取得好成绩的时候，家长可以给孩子一个拥抱，表示对他的赞扬和鼓励；在孩子受到惊吓或者委屈的时候，家长也要给孩子一个拥抱，告诉他不要害怕，爸爸妈妈永远会陪在他的身边；在孩子犯错误的时候，批评是必不可少的，但是也要给予拥抱，相信他之后一定不会再犯同样的错误，表现会越来越好。从父母的拥抱中，孩子可以清楚地感受到自己是有人支持和爱护的，他们会在父母所提供的安全港湾中扬帆起航。

第四章

父母给孩子的正确关怀

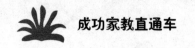
一、什么是真正的快乐？

　　每当儿童节和圣诞节来临的时候，家长都会为送孩子什么样的礼物而发愁。每一位家长都希望把最好的东西送给孩子，但是对孩子来说，什么是最好的东西呢？对于礼物的意义，不同的孩子又有不同的理解。但是关于礼物的意义，家长一定要弄明白，千万不能出现乱送礼物，而且对孩子没有任何好处的情况。

　　节日礼物不只是物品，同时它表达了父母对孩子的一片心意，是教育孩子、帮助孩子成长的重要手段。如果能给孩子送一份好的节日礼物，有时候能给他的人生带来很多意想不到的收获。

　　当然，家长在为孩子挑选节日礼物的时候，应当注意以下几方面：

　　第一，在送孩子节日礼物的时候，一定要投其所好，千万不能按照成年人的习惯来挑礼物。例如，有的家长希望孩子能成为一名画家，所以就送一些名家画册给他，但这并不一定是孩子想要的，甚至还会因为家长的一再重视和强调，而对绘画越来越反感。但是如果孩子非常喜欢绘画，那家长送名家画册是特别赞的。

　　第二，简单质朴的礼物比奢华昂贵的礼物对孩子更有利。在回忆家人送给自己印象最为深刻的节日礼物时，小说家凯罗·奥特说："我最难忘的礼物，是在纽约寒冷的冬天，祖母为我手织的羊毛手套和毛衣。"

　　第三，通过礼物来发掘孩子的潜在兴趣。在盖瑞8岁的时候，他收到了一份影响他一生的礼物，那就是一个便宜的照相机。他回忆说："就是这个照相机使我向世界睁开了眼睛，在镜头下我寻找事物美妙的配合，发现生活中色彩斑斓的故事。我收到的不只是一个照相机，更重要的是一种观察能力。"因此，发掘孩子潜能的礼物会引导孩子发现更适合自己发展的道路。

第四，开阔孩子的视野。如今，每当毕业季的时候，人们听到最多的一个词是"毕业旅行"。之所以要以旅行的方式来庆祝自己毕业，是因为很多人想通过旅行来丰富阅历、开阔视野。因此，在过节日的时候，家长可以送给孩子一次前所未有的旅行，带他们去感受一下之前从未有过的生活经历，这样在开阔视野的同时，还能激发孩子的想象力。

另外，在给孩子选礼物的时候也应当遵循一定的原则：

（1）给"善言孩子"买图书。因为那些有着较强语言表达能力的孩子会把任何玩具当作自己的伙伴，当自己有心事的时候会告诉它们。所以，为这类孩子挑选的礼物应当是图书、娃娃或者动物玩具。

（2）给"空间孩子"买彩泥。有着较强空间思维能力的孩子往往对色彩、线条、形状、形式、空间关系特别敏感，即使空间再复杂，他们也能辨别出来。视觉空间感特别强，而且还能形象地表达出他所看到的抽象事物。所以，给这类孩子挑礼物，应当选积木、沙子、彩泥、拼图、立体模型等拆装玩具。

（3）给"数字孩子"买棋类。有着较强数学逻辑智能的孩子，他们最喜欢的就是独立思考，不希望有人打扰，更不希望父母过多地陪在自己身边。除了下棋的时候，需要父母的配合。当然，这也是非常耗智力的。给这类孩子选礼物最好是棋类或者迷宫类型的图书。

（4）给"视觉孩子"买花草。观察思考能力强的儿童，喜欢花园，更爱动物园和植物园。可以说这类宝宝是不需要玩具的，他们的玩具就是动物。与其给他们买一些不喜欢的玩具，还不如让他们多养些小动物或者是种些花花草草。

（5）给"运动孩子"买枪棍。有些孩子天生喜欢进行户外活动，喜欢捣鼓东西。这类孩子肢体运动比较强，最好是送他们枪棍、轮滑鞋或者自行车。

可见，在为孩子选择合适礼物的很多方面，出于孩子健康快乐成长的考虑，家长们已经达成了共识。

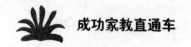

二、被爱的人也有自主权

自 2007 年 6 月 1 日起，新《未成年人保护条例》已经正式开始实施，条例辟出专门的章节规定了"家庭保护"，其中孩子的隐私权也得到了明确的保护，即"任何组织或者个人不得披露未成年人的个人隐私"。这项条例说明，任何侵犯孩子隐私权的做法都是不对的。此后，探究孩子隐私，不仅伤害孩子与父母之间的感情，如果情况严重的话，还会触犯法律。

对于这一点，很多家长表示特别不认可。因为在他们看来，这有点小题大做的意思。孩子毕竟还没有成人，作为监护人的父母有义务了解孩子的任何行为和想法，但是由于很多孩子与父母的沟通比较少，所以家长只能出此下策，通过翻看孩子的书包、日记或信件，能从中准确、及时地了解孩子的思想动态，这样可以帮助家长对孩子进行有针对性的教育。如果发现问题，可以将其消灭在萌芽状态，所有的这些做法都是为了孩子好。但是，他们并没有得到孩子的谅解，反而还背上了侵权的罪名。那么，当孩子有事隐瞒的时候，家长应如何正确进行引导呢？

辉辉是初中一年级的学生。她成绩非常好，而且还热爱文艺，性格活泼开朗。总体来说，辉辉是非常优秀的。但是，一向开朗的她却开始变得少言少语、闷闷不乐了。原来，前段时间她跟父母争吵了。原因是她的妈妈趁她不在家的时候，偷偷翻看了她的日记本。日记本中记录了她的很多心里话，是属于自己的秘密。但是，妈妈没有经过她的同意就偷看了，所以她感觉自己的隐私权受到了侵犯，于是找妈妈理论。但妈妈并没有感觉自己做错了，所以双方争吵了起来。没想到爸爸在这件事情上是支持妈妈的，这让辉辉感觉特别伤心，所以不再理他们了。双方进入了冷战状态。虽然事情过去很久了，辉辉与父母也重归于好，但是心里对这件事情仍然是耿耿于怀，她说："我的日记，是我内心世界的真实反映，有很多私人的东西，谁都不能看，就是父母也不应该随便偷看啊。如果偷看了我的日记，就是侵犯了我的隐私权。"

在这个问题上，很多父母也感到无可奈何。事实上，他们也不是故意要看孩子的日记，但是随着年龄的增长，孩子变得越来越不听话，有什么事情也不说了。出于关心，家长们才会想尽各种办法来了解孩子的心事，特别是正处于青春期的青少年，更容易引起父母的关注。他们害怕孩子过度受到外界和他人的影响而走上歪路，染上坏毛病，进而影响未来发展。所以，才采取了令孩子特别反感的这种方式。

那么，家长如何做才能既不侵犯孩子的隐私权，同时又能帮助孩子解决问题呢？在我看来，最重要的是通过真诚来赢得孩子的信任。

如何获得孩子的信任？

第一，家长要做到言行一致，为孩子树立诚信榜样。例如，曾子杀猪的故事。曾子的妻子要出门，孩子非要跟去，曾子妻就哄孩子说："如果你们待在家里，回来就给你们杀猪吃。"曾子得知这件事情之后果真把猪给杀了，并很严肃地告诉妻子："在孩子面前一定要守信，只有这样才能赢得孩子的信任。"

第二，家长爱孩子就要相信孩子。赏识教育的提倡者、中央教科所特聘家庭教育专家周弘曾说："哪怕世界上所有的人都看不起我们的孩子，做父母的也要眼含热泪地欣赏他、赞美他，为自己创造的生命而自豪！"

第三，尊重和鼓励孩子。家长必然会对自己的孩子提出很多的要求，但是切记在要求的同时需要理解和尊重孩子。只有这样，孩子才会感觉到自己是真正的个体，而不是家长的附属品。

第四，换位思考最重要。当孩子有自己秘密的时候，家长千万不能想方设法地询问，而是对其隐私表示尊重，同时孩子也可学会尊重别人。此时，家长需要学会换位思考。可以试想一下，如果家长不希望别人知道自己的隐私，别人的追问只会成为烦恼。

总之，在获得孩子信任之后，父母自然而然就成了孩子的朋友。此时，孩子必然喜欢跟父母分享自己的喜怒哀乐，在遇到困难的时候也会主动找父母帮忙，这样所有的问题就都迎刃而解了。

三、促使孩子不断犯错的因素

儿童时期是一个人身心发展的重要甚至是关键时期，在这一阶段形成的性格或者习惯对人的一生都会产生影响。而这些行为和习惯是可以通过心理和行为表现出来的，家长应通过表面现象来对其背后的问题追根溯源，一旦发现问题，家长应及时对孩子做出调整。但事实证明，孩子的很多心理问题都是家长不合理的教育方式导致的。

恒恒是一个淘气的孩子。

恒恒的妈妈是医生，每天在医院里听着病人呻吟、看着病人被痛苦扭曲的脸，晚上回家再看到淘气的儿子心里就烦，所以她对恒恒的管教特别严厉。

有一次，恒恒写完作业之后想出去玩，无奈发现门窗都锁上了，他出不去，小伙伴也进不来。天渐渐黑了，恒恒想点蜡烛，但是又找不到火柴，此时的暴躁和恐惧已经充斥在恒恒的脑海中，他开始在黑暗中摔东西来发泄，同时也通过这种方式来为自己壮胆。等妈妈下班之后，家里一片狼藉，已经暴跳如雷的妈妈没有问原因就狠狠打了恒恒。

还有一次，恒恒没有考进前10名，妈妈特别生气，双方开始了冷战。在双方不得不说话的时候，妈妈也是在强调成绩的重要性，恒恒心里特别压抑。在学校中受委屈了，恒恒就告诉妈妈，谁知她不仅不理，而且还嘲弄讽刺。

后来，妈妈发现了恒恒的日记，撕了日记本扔在恒恒面前说："你看看你写的什么啊？还喜欢一个小女生，就你这个样，学习也不怎么好，怎么会有人喜欢你呢？"

此时妈妈的举动和话语把恒恒最隐秘和最纯真的心事撕开了，从此之后，母子二人的关系一落千丈，水火不容。

慢慢地，恒恒就开始背着妈妈干"坏事"，摔东西，用刀片割妈妈喜欢的衣服，在被妈妈发现之后，新的暴风雨又开始了。或许是恒恒对妈妈的做法了如指掌，所以他事先做好了准备，在与母亲的打斗中一点都不吃亏。更严重的一次是，恒恒用事先准备好的水果刀割伤了妈妈。

相信听到这个故事的人都会为恒恒的妈妈感到惋惜，怎么能养出这样一个儿子呢！但是，反过来一想，儿子这样到底是谁造成的？淘气活泼是男孩子的天性，但恒恒妈妈并没有尊重孩子的天性，而是剥夺了他玩耍的权利。固然，在家长看来，学习是最重要的事情，一切都应以学习为中心，但是恰恰在这个过程中，缺失了家长对孩子的情感教育。与学习相比，情感教育甚至更重要。它关系着一个孩子人格的塑造、性格的培养和习惯的养成。一旦情感教育不够，孩子就会出现心理问题，而这些问题会通过异常的行为由内而外表现出来。如果家长没有意识到孩子的异常，而是继续不闻不问，以老方式来对待他们，后果难以预料。

医学表明，孩子出现心理问题是有征兆的，主要表现在以下几个方面：

第一，恐惧。在儿童的负面情绪中，恐惧是最常见的一种。它主要表现在对某些特定的事物或情景产生惧怕或逃离的心情。同时，儿童容易对一些没有危险或者基本没有危险的东西感到害怕，而且这种害怕表现得特别突出，所以，儿童容易出现紧张、退缩或者回避的行为。

第二，失眠。如果孩子入睡特别困难，而且在睡梦中经常出现惊醒，甚至是大声哭闹，白天记忆力差，而且情绪不稳，这说明孩子内心肯定有一些东西在给他"挠痒痒"，长此以往，如果得不到及时改变，表明心理有问题的行为就表现得更为突出了。

第三，焦虑。儿童焦虑主要表现在缺乏自信、过于敏感、食欲不振、无端哭闹。焦虑的儿童对环境反应特别敏感，而且还害怕被别人嘲笑。过分关注一些还没有发生的情况，而且还有无限烦恼。即使是一些微不足道、不足挂齿的小事，

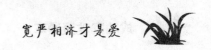

也感到担忧不已。

第四，人际关系恶劣。儿童的人际关系主要是父母、老师和同学。与这些人的交往可以反映出一个孩子的心理状态。如果能够与他人和谐相处，这说明孩子心理是健康的。而心理不健康的孩子多对他人漠不关心、缺乏同情心，甚至经常嫉妒、怀疑，无法正常地融入集体生活。

第五，多动。从一定程度上来说，行为是一个人心理的外在表现。儿童也是如此，儿童最容易出现的就是多动症，如小动作不停、精力不集中、容易生气和冲动，做事情从来不计后果。

第六，攻击。这样的孩子整天东奔西跑，还经常搞恶作剧来讽刺挖苦别人，从来不爱惜美好的事物，最喜欢做的就是摔东西、打架。

那么，面对孩子出现的这些情况，家长应当怎样做呢？

首先，对孩子出现的问题表示理解。在孩子出现心理问题的时候不要指责或者打骂，更不能进行语言攻击。

其次，家长应用自己的爱为孩子带来信心。当家长根据孩子行为断定其有心理问题的时候，可以通过直接询问的方式来让孩子"倒苦水"，千万不可用暴力解决。最重要的是家长用最为平和与快乐的方式让孩子感受到父母的爱，增加安全感，重拾信心。

四、水滴石穿非一日之功

　　每个人都是从孩子成长起来的。在成长过程中，父母为养育儿女可谓是呕心沥血，他们都期望孩子可以成才。当然，对于每次孩子取得的成绩和进步，家长都欣喜若狂，如果出现一些问题，家长也会及时纠正。

　　下面是一个家长记录的孩子的点滴进步，主要体现在"孝"这一方面：

　　一、能注意关心和照顾老人

　　经常会扶着老人走路，有时会帮老人推轮椅车。有次在地铁站，他扶着一个奶奶下楼梯，奶奶边走边说"谢谢"，他回答说"应该的"，引起旁边下楼梯的乘客回过头来看他，对他微笑，眼光里流露出赞美之意。

　　当听到老人咳嗽时，他会去拿水给老人喝。

　　有时外公在沙发上看报睡着了，他会去拿一条小被子，轻轻地替他盖上。

　　有好东西他会分给大家吃，尤其是要给保姆阿姨吃。

　　二、能乐意帮助别人

　　1、吃饭时会帮着拿筷子，拿汤匙。

　　2、有一次，在美院美术兴趣活动时，当一个孩子因迟到未拿到图画纸时，他把自己多余的一张纸给了他，得到了美院老师的表扬。

　　3、有一次在家乐福超市购物时，他看见营业员在拾货架上掉下的小包装食品，他就去帮忙一起拾。

　　4、中医门诊部取药时间较长，大家在按号等取药时，他见到有的人拿到了药，一手拎着一大包药，另一手拿着一只塑料袋，两手都有东西时自己一个人很难打开袋子，即使打开了袋子也很难地将一大包药放进去，这时他会上前去帮一把，被帮助的人都非常感谢他。

三、对人有礼貌

每天进出小区门口，他都会对值勤的保安人员问好，"叔叔早"、"叔叔好"、"叔叔再见"。

从这些记录中，我们可以得知这个孩子年纪特别小。虽然年龄小，但是他已经懂得讲文明、懂礼貌。这是让家长特别欣喜的，因为培养孩子正确人生观和价值观的前提就是懂得尊重他人。

在很多家长看来，孩子最重要的就是学习和有一技之长。他们认为只要孩子学习好，什么都不愁。在他们脑海中，与孩子有关的事情只有学习，他们把孩子每次考试成绩和名次都记得清清楚楚，而且对自己的要求也铭记于心，随时都想找机会告诉孩子自己对他的期望和对他未来的憧憬。

另外，一些家长希望孩子长大之后是个全才，当然这样的想法也是无可厚非的。但是，在对孩子寄予殷切期望的同时，家长应从点滴教育孩子，关注孩子的点滴成长和进步，进而提出合理的、与孩子自身条件相符合的各种要求。

下面是一位家长关注孩子点滴进步的体会和心得：

明明是个生性活泼的孩子，当然，在学习上，他也没有养成良好的习惯。每次写作业耗费的时间都特别长，不是因为玩儿耽误了时间，就是在写作业的时候发呆。刚开始，明明妈妈对于他的这种"反常"行为特别恼火，甚至是严厉训斥，但是这并没有让明明意识到时间和提高效率的重要性，反而还强化了他对自己的负面自我认知——我就是没有时间和效率概念的孩子。

于是，妈妈开始反思，发现孩子是希望被激励和认可的，如果只是一味地批评和教育，不仅让孩子感到反感，而且也没有任何效果。随后，妈妈决定与明明展开一次推心置腹的交流：

妈妈：每个人每天的绝对时间是一模一样的，都是24小时，谁都不能多要一分或者一秒。但是相对时间却是因人而异的，如果谁能做到合理利用和安排时间，他就能在有限的时间内多做很多事情。明明，你是愿意做时间的主人，自己安排时间呢，还是愿意做时间的奴隶，被时间压迫和催促呢？

明明：我希望做时间的主人。

妈妈：你挺明智的。看来语文学得不错，能听懂其中的道理。数学也不错，会算时间这笔账。爸爸妈妈相信你肯定越来越会珍惜和安排时间的。

明明：如果我做到了，有什么奖励吗？

妈妈：有。奖励的是珍惜时间和提高效率榜样的小红花一朵。满意吗？

明明：满意。就看我的行动吧。

事实证明，明明真的做到了。妈妈感到特别骄傲，她相信，只要儿子懂得了时间和效率是非常重要的，那么将来做任何事情都不会拖拉，更不会马马虎虎。

孩子的进步有大有小，有多有少，有快有慢，有早有迟，虽然无法保证这种进步能坚持多久，但是仍然需要家长的鼓励和信任，相信家长只要能够培养自己发现美的眼睛、善于听话的耳朵和善于激励的嘴巴，去发现孩子的点滴进步、聆听孩子的心声、鼓励孩子不断成长，那么孩子必然可以日积月累，取得更大的进步。

五、赏识和批评的"三八线"

《妈妈，世上只有你欣赏我》是一篇曾经令无数家长流泪的育儿文章：

第一次参加家长会，幼儿园的老师说："你儿子有多动症，在板凳上三分钟都坐不了，你最好带他到医院去看一看。"回家的路上，儿子问她老师都说了些什么，她鼻子一酸，差点流出泪来。因为全班小朋友，唯有他表现最差，惟有对他老师表现出了不屑。然而她还是告诉儿子："老师表扬你了，说宝宝原来在板凳上坐不了一分钟，现在能坐三分钟了。其他的妈妈都非常羡慕妈妈，因为全班只有宝宝进步了。"那天晚上，儿子破天荒吃了两碗米饭，并且没让她喂。

儿子上小学了。家长会上，老师说："全班 40 名学生，这次数学考试，你儿子排第 40 名，我们怀疑他智力上有障碍，您最好能带他去医院查一查。"回去的路上，她流下了泪。然而，当她回到家里，却对坐在桌前的儿子说："老师对你充满了信心，他说了，你并不是一个笨孩子，只要能细心些，会超过你的同桌，这次你的同桌排在第 21 名。"说这话时，她发现，儿子暗淡的眼神一下子充满了亮光，沮丧的脸也一下子舒展了起来。她甚至发现，儿子温顺得让她吃惊，好像长大了许多。第二天上学时，他去的比平时都早。

孩子上了初中，又一次家长会。她坐在儿子的座位上，等着老师点儿子的名字，因为每次家长会，儿子的名字在差生的行列中总是被点到。然而，这次却出乎她的预料，直到结束，都没听到。她有些不习惯。临别，去问老师，老师告诉他："按你儿子现在的成绩，考重点高中有点危险。"她怀着惊喜的心情走出校门，此时她发现儿子在等她。路上她扶着儿子的肩膀，心里有说不出的甜蜜，她告诉儿子:"班主任对你非常满意,他说了,只要你努力,很有希望考上重点高中。"

高中毕业了。第一批大学录取通知书下达时,学校打电话让她儿子到学校去一趟。她有预感,儿子被清华录取了,因为在报考时,她对儿子说过,她相信他能考取这所大学。儿子从学校回来,把一封印有清华大学招生办的特快专递交到她手里,突然转身跑到自己房间里大哭起来,边哭边说:"妈妈,我知道我不是个聪明的孩子,这个世界上只有你最欣赏我……"

这时,她悲喜交加,再也按捺不住十几年来凝聚在心中的泪水,任它打在手中的信封上……

从这篇文章中,我们读懂了一个妈妈的睿智,读懂了一个妈妈对孩子深沉的爱。在听到老师一而再、再而三对孩子的否定时,她巧妙地把无望变成了希望,最终扭转乾坤。正是因为妈妈的欣赏,孩子不断挖掘自己的潜力,最终走向成功。

然而,有的家长却根本做不到这些。请看下面的事例:

晨晨正在读小学三年级,属于性格比较内向的女孩子。有一天,在晨晨写作业的时候,妈妈在看杂志。不一会儿,妈妈过来看了看晨晨的作业本,说:"你看,你写的这些字跟狗爬似的,太潦草了。你得认真写,字如其人,谁都愿意看漂亮的字。"事实上,晨晨已经感觉自己努力认真写了,与之前相比,肯定是进步了,但是她不明白为什么妈妈还批评她写字不好。

在晨晨写完作业之后,她想去看会儿电视。刚打开电视机,妈妈就开始唠叨了:"你怎么刚写完作业就看电视啊!你就知道看电视,也不知道预习一下明天上课老师讲的东西。你看,人家小伟总是在写完作业之后,先检查,再预习,所以学习成绩一直很好,如果你再这样,别指望你能比得上人家。"听妈妈这样说,晨晨只能把刚打开的电视给关上了,拿出作业来,一遍遍检查,然后开始预习。其实,在妈妈批评过后,所有的劲头儿和学习兴趣都没有了,即使再看书也是表面功夫,只是为了装给妈妈看。

在看书的过程中,妈妈又开始不满意了:"你这是怎么看书啊,眼离书那么近,不怕近视吗?我都说多少次了,无论是看书还是写作业,眼睛都离书本远点

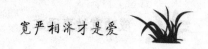

儿，总是听不进去。"

　　仅仅这一小会儿，妈妈已经批评三次了。虽然不能反抗妈妈，但是她的心里的确不是滋味，总是在猜："我到底是不是妈妈亲生的啊，如果是亲生的，她不可能这样批评我啊。如果不是亲生的，我干嘛要这么认真地学习啊。"

　　其实，在现实生活中，很多家长也会犯这样的错误。在发现孩子做得不好的时候，他们马上找机会纠正孩子，直到自己满意为止，从来不会考虑孩子的感受。家长的这种做法对培养孩子的自信是非常不利的。为了让孩子成为完美的人，家长总是严厉要求，但是"金无足赤，人无完人"。每个人都会犯错误，如果家长总是盯着孩子的缺点和错误不放，孩子就会有很大的心理负担，甚至还会感到自卑，更不用谈自信了。

　　所以，如果想让孩子成长为一个健康、成熟、自信的人，这需要家长的不断努力，其中最忌讳的就是对孩子过于挑剔。家长一定要把挑剔的热情转变为欣赏的态度，善于发现孩子的优点和进步，只有这样，孩子才会不断成长，最终成才。

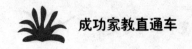
六、昙花一现、神童的悲哀

家长望子成龙、望女成凤的心态是无可厚非的，但是这需要在充分了解自己孩子的基础上进行才具有可行性。

不仅家长对孩子充满了很高的期望，孩子也希望自己能出类拔萃。他们希望将来能成为有学问的作家、医生、工程师，受人尊重的企业家、领导干部等。而且每天也在为此努力学习和奋斗，但是往往事与愿违。因为各方面条件的限制，很多理想根本无法实现。在这种情况下，可以想象出他们承受着多大的压力和痛苦。

除此之外，如果家长们再好高骛远，无法了解孩子内心的痛处，而是一味地要求他们做一些根本无法企及的事情，这就为很多问题的发生埋下了隐患。

《杂宝藏经》中有这样一个故事：

比舍是个出名的珠宝商人和经验丰富的航海家。这回，比舍又带领了五百商人驾着一艘一艘的船入海采宝去，乘风破浪，很快地到达了珠宝产地。

客商们停泊登岸，一眼望去，哈哈，遍地都是奇珍异宝啊！大伙儿就像一群饿狼一样，拼命搬运，耀眼的珠宝一下子一船一船都装得满满的。可是，客商还在贪心地抓呀堆呀，眼看每只船都要被压沉了。

此时，比舍可着慌啦，大声疾呼："注意！注意！船不能运载过重啊！客商们！自动地把你们超载的珠宝，尽量抛弃吧！不然的话，一定要出危险哪！"

五百客商都装没听见。贪欲所迷，宁共宝死，也不愿意丢一粒珠子呀！

比舍眼看没法了，只好决定牺牲自己船上的所有，尽将光闪闪的珠宝投没海涛里。驾驶着空船跟着满载珠宝的船队离开宝山。

眨眼间，超载珠宝的船，一艘艘地被海水吞没了。要不是比舍驾空船，将五百客商护救出海，那真是人财两空了。当五百商人坐着比舍这只船靠近大陆平安脱险的时候，海面上忽然出现一个神，将比舍抛弃的珠宝尽数还了他。比舍弃宝复得，当然欢喜极了，可是他不忍眼看大伙憔悴烦恼的样儿，便又把自己的珠宝和众商客平分了。

可见，人生不如意之事十有八九，并不是所有的意愿和理想都可以实现。人的生命是有限的，在这个过程中，有很多事情需要学会舍弃。同样，这个道理也适用于家长对孩子的殷切期望上。

人往高处走，水往低处流，每个人都希望自己活得出彩。家长希望孩子可以成就自己的人生，为自己争得面子。而孩子希望自己能够实现心中的理想，成为对国家和社会有用的人，更重要的是可以成为父母的骄傲。这些都是人之常情。

在古代，放弃被看做是一种谋略，而现代人总是把放弃看做是无能的表现。当然，这个观点需要具体问题具体分析。如果是在努力之后，发现的确无望后，舍弃是一种智慧；如果没有努力就认为自身不行而放弃，这是一种懦弱的表现。无论在任何时候，家长都是孩子强有力的后盾，不仅需要家长的鼓励，更需要精神支撑。纵然家长对孩子充满了殷切的期望，但这种期望必须建立在孩子自身条件的基础上，否则，即使是神童，在父母不切实际的要求之下也会慢慢成为一个平凡的人。那种令家长欢喜的孩子的表现只能是昙花一现。

那么，如何才能正确处理理想和现实之间的关系呢？其中最为重要的是所设定的理想一定要符合实际条件。在为孩子制定目标的时候一定要切合实际，本着循序渐进的原则，不断设定目标，不仅要做到可望，而且还要可及。如果设定的目标过高，孩子就会望而却步，再加上家长的监督和唠叨，孩子就会感觉家长在故意给自己出难题，最终陷入孩子不听话而跟大人对着干的恶性循环。

同样，家长也要教育孩子处理好理想与现实的关系。如果孩子自身确定的目标过高，而能力有限，必定会产生很大的压力，不利于身心健康发展。在日常生活中，家长在鼓励孩子从实际条件出发的基础上，还要帮助他们在实现理想的道路上勇往直前，做好他们的精神支撑和强有力的后盾。

七、究竟是谁在无理取闹？

关于家长与孩子之间平等交流的重要性，著名家庭教育专家于秀曾告诫家长："无数失败的家教案例表明，一句伤心的话足以使孩子堕落，一句不负责任的话足以使孩子沉沦，一句不公平的话足以让孩子怀疑一切，一句不慎的话足以让孩子痛苦数年。"当然，具体的好的家庭教育也没有明确的标准，但是无数成功的家庭教育都有一条成功的经验，那就是家长尽可能做到与孩子的平等交流。那么如何才能真正做到平等交流？其实，最根本的办法就是换位思考。

所谓换位思考就是站在他人的角度为他人着想，即想他人所想。在教育孩子时做到换位思考是指家长应站在孩子角度看待问题、思考问题和解决问题，这样可以使家长在解决问题的时候能够做到客观、公正，使孩子少受委屈，从而实现家长与孩子之间的真正平等对话。

英语考试成绩出来了，浩浩兴冲冲地跑回家中，一脸喜悦地告诉妈妈："妈妈，我的英语考试成绩出来了。"

"是吗？这次考了多少分？"

"90分，比上次多考了8分。"浩浩骄傲地说。

"哦。这次是比上次考得好。那你知道隔壁娜娜考了多少分吗？"

"好像是92分。"浩浩脸上的笑容渐渐消失了。

但是妈妈并没有察觉浩浩的变化，而是继续说："你怎么又不如她考得好啊，你能不能使使劲，比她考得好，这样我脸上也有面子啊。"

浩浩听到妈妈这样不理解自己，生气地喊起来："你怎么知道我没使劲？我每天都很努力地学习，这次都比上次进步了 8 分，就连老师都在班上表扬我了呢！你还有什么不满意的？"

妈妈反驳道："你怎么就这么不懂事呢？我还不是为你好，人家娜娜每次成绩都很好，可你总是忽高忽低，成绩也不稳定，怎么就不能向人家学习学习呢？"

"你是不是觉得我整天丢你的脸？你既然看着娜娜好，就让她给你当闺女吧！以后我什么事情也不跟你说了！"浩浩气冲冲地走了。

其实，这样的事情在很多家庭中都发生过。本是一件高兴的事情，可是聊着聊着家长与孩子就吵起来了。为什么谈不到一块儿去呢？很多家长都不理解孩子为什么这样，只是一味地埋怨孩子不懂事。其根本原因是家长并没有站在孩子的角度思考问题，这也就导致了家长无法理解孩子内心的感受，使其无法做到愉快地交流。可见，很多时候，无理取闹的人是家长。

当浩浩告诉妈妈考了 90 分的时候，妈妈应当赞许孩子进步了，而且还要表扬和鼓励他，希望他能再接再厉，下次取得更好的成绩。相信这样的谈话一定不会有纷争，更不会以吵架收场。

父母应当明白，孩子愿意跟父母分享喜怒哀乐是因为他们对父母充满了信任，他们相信在自己获得进步的时候能得到父母的表扬，在自己烦闷的时候能得到父母的开导，当自己失意的时候能得到父母的鼓励，在自己痛苦的时候父母是自己强大的后盾。试想一下，如果父母无法做到理解孩子，他们的信任感还剩多少，他们还愿意与父母分享自己的事情吗？

答案当然是不愿意。当父母站在孩子角度考虑的时候，一定可以看到很多成人看不到的东西。另外，换位思考可以让父母更深地了解孩子内心的想法，进而与孩子产生共鸣，拉近距离。

那么父母如何才能真正做到换位思考呢？

第一，全面认识和了解孩子。

进行换位思考的前提是父母与孩子之间的良性沟通。作为父母并不能总是以高高在上的态度来维护尊严，更不能以此来训斥和打骂孩子，而是尽可能抽出时间陪伴孩子，与孩子做朋友。其中，最为直接的沟通方式是谈心。在谈心过程中，家长可以了解孩子对事情的看法，如果看法是正确的，家长应鼓励和表扬；如果看法存在误区，家长应及时给予改正，晓之以情、动之以理，千万不可采取暴力手段。

第二，尊重孩子，与孩子平等交流。

父母换位思考的核心是尊重孩子。尊重和平等对待孩子可以使他们了解更多的知识，使眼界得到开阔。另外，在处理孩子"错误"方面，父母要做到心平气和地摆事实、讲道理。如果发现自己对孩子做法不对时，应及时向孩子道歉，这样做更能获得孩子的信任。

第三，不断学习，提高自身素质。

俗话说"活到老，学到老"，家长也应当通过不断学习来提高自己各方面的能力。除了关注孩子的学习成绩之外，家长还应当树立正确的人才观念，学习一些与孩子相关的心理学知识，这可以了解孩子在不同时期的心理特征和认知特点。最重要的是学习与孩子沟通的技巧和方法。

相信家长做到了知己知彼，必然可以在孩子教育上百战百胜。这样可以让孩子在一个和谐的家庭氛围中更加信任父母，从而健康成长。

八、黄炎培关心儿女成长

黄炎培（1878—1965）是我国近现代著名的政治家和教育家。他曾经创办多所教育机构和教育团体，而且还在学校中授过课。他虽然主要从事中小学的教育工作，但是也特别关注家庭教育。对于自己孩子的教育，黄炎培是非常上心的，他一生中共有两位夫人，育有 16 位儿女。

根据孩子的兴趣爱好来加以引导是黄炎培教育子女的重要方法。在他看来，中学是影响人生发展的重要阶段，家长应该特别注意。他深有感触地说："我感觉到最难处置，就是中学这个关头。到了大学，人生观渐渐确定了。中学正在交叉路口，欲东便东，欲西便西，出入很大。我于中等学校，普通的、分科的，皆曾创设过、服务过，前后关系达三十多年，对这个关头特别注意，且深信其值得特别注意。"1937 年 3 月，黄炎培发表了《怎样教我中学时期的儿女》一文，介绍了他自己是如何教育上中学子女的。其中提到了五个方面，即注重子女发展方向的问题；学习要突出重点，全面发展；注重思想品德教育；家长要以身作则，建立良好的家风；利用"座右铭"教育子女。

在注重子女发展方向上，黄炎培用心观察孩子的天赋和秉性，根据孩子的兴趣爱好来加以引导，并对孩子因材施教。例如，当他发现一个孩子喜欢玩积木、能够制作各种建筑图形的时候，他就会带孩子到城市中观察整个市容，培养其对建筑工业的兴趣，引导他学习建筑行业。

在中学学习期间，黄炎培要求儿女必须学好三门课程，即国文、外国文和算学。在他看来，学习算学可以让一个人的思想变得更加严谨、缜密。学习文字是学习其他知识的前提和基础。

在思想品德教育方面，他教育子女要写日记、记账，养成勤俭节约的好习惯。他和妻子从来不会乱给孩子零用钱，但如果是帮助贫困的孩子，他们不仅不会反对，而且还会提供资助。另外，他教育孩子要诚实，绝对不允许他们撒谎。

另外，在生活中，黄炎培严格要求子女。作为一名教育家，黄炎培深知环境会对孩子产生潜移默化的巨大作用，因此，他主张建设文明的家庭环境。1909年2月，他在《教育杂志》上发表了一篇名为"理想的家庭"的文章，大力提倡"改良家庭"，建设理想的家庭。黄炎培所强调的家庭环境包括物质和精神两个方面。在物质方面，他不仅对家庭设施和卫生提出了建议，同时还对衣食住行提出了明确要求。例如，他强调"居宅朴雅而整洁"、"食品不必丰必洁"、"出门非有急事、非远道、非携重物，勿乘车"。在精神建设方面，他提出了更具体的要求，如"男子必毕业中学，女子必毕业小学"。除此之外，黄先生要求家庭有文化氛围。他认为父母的一言一行都会对孩子产生影响，所以，黄炎培和妻子都特别重视自己的榜样力量，凡是要求儿女不许做的事情，自己也一定不做。为了防止孩子染上吸烟的恶习，在招待亲朋好友的时候从来不以烟作为招待品，同时也禁止客人在家中吸烟。

他重视"座右铭"对子女教育的重要影响。黄炎培曾经给儿子写过这样一则座右铭："理必求真，事必求是；言必守信，行必忠实；事闲勿荒，事繁勿慌；有言必信，无欲则刚；和若春风，肃若秋霜；取象于钱，外圆内方。"

对于家长来说，黄炎培的教子思想和教子方法是非常值得学习的。只要家长能够做到以正确的方式引导孩子，用具体的方式方法来教育孩子，一定会取得好的效果。

九、苏霍姆林斯基的教子名言

瓦·阿·苏霍姆林斯基（1918—1970）是苏联著名的教育理论家和教育实践家，关于家庭教育，他对家长提出了很多要求：

父母之间道德高尚的爱情是孩子们健康的、生机勃勃的、丰富的精神生活的保证。

没有时间教育孩子——就意味着没有时间做人。

你教育孩子，也就在教育自己并检验自己的人格。

尽量提高自己在孩子眼中的地位，以便使孩子看到你在播种这颗种子使你生命的崇高意义；这颗种子正萌发为茁壮的幼芽。

我们做父母的，应首先以自己相互关心的行为来教育孩子。

假若世界总似母亲以甜蜜的眼睛看着孩子的内心，假若孩子在未来生活的道路上一切都像慈祥母亲似的那样善良和甜蜜，那么就会减少悲哀、犯罪和悲剧了。

要善于创造家庭生活中及宝贵的财富——相互爱恋，这也就是说要在家庭中创造有利于教育子女的气氛。

人类爱是教育的强大力量。谁能以自己的生命倍增人类的宝贵的精神财富，谁能进行自我教育，那他就能教育好自己的孩子。教育孩子的实质在于教育自己，而自我教育则是父母影响孩子最有力的方法。

人们心灵中最强有力的、最有智慧的财富（爱情）就像音乐，像醉人心灵的迷人美丽一样在影响着孩子。这种财富永远拨弄着孩子敏锐的心弦，如对言语、对善良的心愿，对敏于感受爱抚和亲热的情感。谁的童年被爱的阳光照耀着，那他就会互相创造幸福，就会对父母的言语、对他们善良的心意、对他们的劝导和赠言、对他们的温存和警告有着特殊的敏感和接受能力。

爱就意味着用心灵去体会别人最细微的精神需要。而这种心灵的感受能力是来自父母，但不是什么言语和解释而是榜样。

在一个家庭里，只有在父母自己会教育自己的家庭中，才能有孩子的自我教育。没有父母的光辉榜样，一切关于儿童进行自我教育的谈话都将变成空谈。没有父母的榜样，没有父母在相互关心和尊敬中所表现出来的爱的光和热，儿童的自我教育简直是不可想象的。

我们用什么充实了我们的孩子？我们用什么来提高自己在孩子心目中的地位？只有唯一的、强有力的、无与伦比的精神力量，它能把我们的形象深印在孩子的心灵中（人类真正美好的形象）。这种力量就是爱，它就是人类伟大的精神财富。让我用自己的生活来创造这种财富吧，它存在于父母的心灵里，即可用以教育孩子的爱。

教育的伟大精神力量可使孩子养成学习用父母的眼光来观察世界，养成向父母学习用父母的眼光来观察世界，养成向父亲学习如何尊敬母亲、尊敬外祖母、妇女和人。

你们生下了孩子，一定要记住，从孩子能用自己的眼睛看见五彩缤纷的花朵或玩具时，能听到树叶沙沙作响、蜜蜂嗡嗡叫时，就应开始培养孩子的智慧。在这个期间，人有多少心力投入到孩子的意识中去，那么他将来就带着相应程度的智慧、聪明进入学校。

我们坦率地告诉父母：假若你每天不进行系统的教育工作，那么你的孩子将智力发育不良，进入学校后学习也不会好。

假若孩子在实际生活中确认，他的任性要求都能得到满足，他的不听话并未招致任何不愉快的后果，那么他就渐渐习惯于顽皮、任性、捣乱、不听话，之后就慢慢认为这是理所当然的。

假若对孩子的要求产生于父母的争吵之中，而且是当着孩子的面，那么这种要求不论多么合理和正确，对孩子来说也是没有威力的，不是非执行不可的。

有些父母认为，他们对孩子的权力其主要表现形式是禁止，这种认识是错误的。假若对孩子只是一味禁止的话，就等于给他加上了镣铐，会使他变得畏缩、消极、无进取心。父母的要求不应只表现在禁止做这做那上，而最主要的是表现在提醒孩子去从事某些有益的活动。

人的内心里有一种根深蒂固的需要——总想感到自己是发现者、研究者、探寻者。在儿童的精神世界中，这种需求特别强烈。但如果不向这种需求提供养料，即不积极接触事实和现象，缺乏认识的乐趣，这种需求就会逐渐消失，求知兴趣也与之一道熄灭。

第五章
做最好的修剪小树枝丫的园丁

一、温室花朵抵不住室外风雨

在 1977 年，当邓小平谈到教育的时候说："教育要从娃娃抓起。"这句话很有意义，时至今日，我们仍然可以用这句话来反思教育现状。

在现有社会条件下，由于家庭生活水平不断提高，很多家长对孩子百般溺爱，生怕孩子吃一点苦，提前为孩子准备好可能用到的东西，虽然家长的这种做法让孩子的幸福感不断上升，但是这并不利于孩子独立人格的培养，更无法使其在日益激烈的社会竞争中立足。

如今，知识和智力并不是衡量一个人成才的唯一标准。坚强的意志和坚忍的毅力也是一个人走向成功的必要条件。所以，这就需要家长们对孩子进行必要的吃苦教育。

所谓吃苦教育就是让孩子在困苦和磨炼中逐渐培养起独立自主、自立自强的能力。在家庭教育这一方面，日本的家长们就做得特别好，值得学习。在日本，有这样一句名言：除了阳光和空气是大自然的赐予，其他一切都要通过劳动获得。所以，大部分家庭都要求孩子学着做家务，如洗衣服、刷碗、做饭等；让孩子做力所能及的事情，如收拾自己的房间；支持孩子学一些有关生活的课程，如烹饪、缝衣服。这些都对孩子独立性的培养起到了很好的作用。另外，在孩子很小的时候，家长就会给他们灌输一种思想，即不要给别人添麻烦。当全家外出旅行的时候，再小的孩子也会背一个包，里面装一些自己可能需要的东西。这样就会让他们觉得自己的东西就应该自己来背。也正是家长在日常生活中的不断培养和鼓励，日本儿童能够独立处理很多事情，有着很强的适应能力。

除了以上提到的一些日常生活中的吃苦教育，日本家长还会让孩子经受失败，在失败中培养他们的抗挫折能力。例如，在孩子走路摔跤之后，家长不会立即去把他们扶起来，而是鼓励他们自己站起来。另外还有这样一个例子：一位日本妈妈带着孩子到一个中国家庭中做客，当时中国家庭正好在包饺子，日本小孩儿抓起一个就往嘴里放，日本妈妈并没有像中国妈妈那样去制止，而是说："让他试试吧，这样他就知道什么能吃，什么不能吃了。"果然，在孩子咬了一口生饺子之后就吐出来了。在日本，很多家长都会通过让孩子尝试失败来进行教育。这样可以让他们在失败中学会本领，将来好在社会上能自食其力。也正是在这种吃苦教育下，日本小孩儿在很小就能形成不怕失败、敢于竞争、勇往直前的性格。

当然，中国的很多家长也已经认识到了吃苦教育的重要性和必要性。为了培养孩子的坚强品格，很多家长都会想方设法来磨炼孩子的意志。例如，中国飞天英雄杨利伟小时候非常胆小。在他8岁的时候，妈妈让他到房后拿木棚上的地瓜，可是他够了半天也没拿到，还出了满身的汗。其实他完全可以踩着梯子上去，但是他不敢。小利伟的这种胆小性格让身为教师的父母非常担心，害怕他将来无法做成大事。于是，为了克服他这种缺点，每到放长假的时候，父亲都会带他去登山、游泳或者进行一些极限运动。到秋天的时候，还会带他爬树摘果子。慢慢地，小利伟能爬上30多米高的古树，胆子也越来越大。就这样，为杨利伟成为一名航天飞行员打下了基础。可见，家长在孩子良好品格形成过程中起着非常重要的作用。

常言道：宝剑锋从磨砺出，梅花香自苦寒来。只有经历了磨炼、困苦和挫折，一个人才能变得更有韧性、更加坚强。当然，很多家长也明白磨炼对孩子的重要性，但是往往因为心疼孩子而无法做到为孩子提供磨炼的机会。即使一再强调吃苦是非常有必要的，但是也无法真正让孩子参与到实践中来，最后只能感叹"纸上得来终觉浅，绝知此事要躬行"。

因此，在日常生活中，家长应当舍得让孩子吃苦。相信在经受困苦的过程中，孩子会养成坚强的品质，以后在人生道路上遇到任何困难和问题，都可以经受住压力，在最短的时间内找到解决问题的办法，做到自立自强。

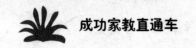
二、"两面派"的父母苦恼多

谈到"两面派",很多人的反应是那些见人说人话、见鬼说鬼话的人。这样的人通常不受欢迎。在孩子面前,如果家长是"两面派",试想一下孩子会有什么样的感觉。其实,想要在孩子心中留下好的印象,父母需要做的就是努力成为孩子眼中的"圣人"。

"圣人"往往被人们理解为是有着高尚美德和道德情操的神圣之人。在中国,提到圣人,人们首先想到的是孔子,即孔圣人。而在家庭教育中,父母也应该成为孩子眼中的圣人,而这里的神圣之处表现在懂礼貌、有本领、讲信用、完美、有毅力、有创造力、孝顺、心态好、习惯好等。

在现实生活中,很多家长往往会对孩子提出这样那样的要求,但却从来得不到孩子的理解,换来一句"你自己都做不到,凭什么要让我做到"。或许孩子的这种不体谅让家长感到非常伤心,但是家长们为什么不能静下心来考虑一下孩子说这话的原因,这句话是否有道理。当家长将自己对孩子的要求与自己对号入座的时候一定会有新的发现。

在这里我们可以探讨一下如何成为孩子眼中有本事的父母。在生活中,我们所理解的有本事就是有威信。如何在孩子面前建立起自己的威信呢?当被问到孩子是否对自己的管教服服帖帖的时候,很多家长都是无奈地摇头。那么,孩子不服的原因究竟是什么呢?只有找到根源,家长们才能对症下药。

当然,很多家长也明白,要想让孩子信服,最重要的就是树立起威信。那么如何才能正确而有效地树立威信呢?有些家长认为嗓门大威信就高,整天用一种专制和粗暴的态度来管教子女,如果情节较为严重的话,后果不堪设想。

早在 20 世纪，这种管教方式就已经让孩子感到厌倦了，甚至受到有些家长的抵制。1919 年，鲁迅在《我们现在怎样做父亲》一文中写道："我们以为父对于子，有绝对的权力和尊严；若是老子说话，当然无所不可，儿子有话，却在未说之前早已错了。"这种家庭管教方式真是让人感叹。很多家长仍然把自己看作是"一家之主"，对孩子"发号施令"，从表面上看，孩子的服从体现了自己有很高的威信，殊不知，这是对其威信的损害，同时也不利于孩子的健康成长。

在现实操作中，很多家长因为想要建立威信而走入了误区，如靠娇宠、收买、说教、吹牛、疏远、教训等方式来建立威信，这是不科学的，同时也不可能取得好的效果。如果真的想要让孩子对你服服帖帖，你所要做的就是努力成为孩子眼中有本领的父母。在任何方面，都要给孩子做出表率，成为孩子学习的榜样。父母只有自己做到了，才能要求孩子做到。家长的身体力行要远远好于说教，而且还能让孩子容易接受。

圣人孔子曾经说："其身正，不令而行；其身不正，虽令不从。"其意思是说，古代的君主只要自己品行端正，即使不发号施令，百姓也会照着去做；如果自身品行有问题，即使下命令，百姓也不会听从。当然，在家庭教育中，家长就如同古代的君主，而孩子就是百姓，如果家长无法以身作则，就难以保证孩子会有很好的表现。

孩子是反映家长的一面镜子。家长可以在孩子身上看到自己的影子，正所谓"父母什么样，孩子就什么样"。所以，在家庭教育过程中，家长只有做到言传身教，孩子才会朝着家长所设想的方向一步一个脚印地健康成长。

除了建立威信之外，其他方面也是如此。当家长真正成为孩子眼中的圣人之后，所有的家庭教育问题都不再是难题。

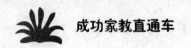

三、"计时隔离"的教育方法

　　每个人都有自己的脾气或者是小性子，而且在适当的时候，他们就会发泄出来，小朋友也不例外。在家庭生活中，孩子犯错的次数可谓是数不胜数，如把玩具弄得乱七八糟，在玩完之后从来不懂得收拾，有各种不好的习惯等。此时，家长如果大声批评，必然会引来"暴风骤雨"，不是孩子哭，就是家长哭笑不得。其实，此时最好的方法就是"计时隔离"，也就是冷处理。

　　"冷处理"的原意是指工件淬火后立即放入冷空气中，以保证其规格稳定并提高其机械性能的一种工艺。而在家庭教育中，"冷处理"是指在矛盾发生后不急于马上处理，而是放一放、降降温，然后再进行处理。当然，在生活中，冷处理的方法也是非常必要的。

　　首先，家长可以通过冷处理来更多地了解孩子。每个孩子都有自己独特的个性和丰富的内心世界，虽然他们年纪较小，但是也有喜怒哀乐，也会有很不开心的时候。作为家长就应当观察孩子的细微变化，了解他们心中的秘密和烦恼，走进他们的内心世界为其化解忧愁，促进他们身心健康发展。当与孩子发生冲突的时候，家长没有必要将孩子的任性或者是发脾气放在心上，而是通过这个过程来了解孩子内心深处最真实的想法。不要严厉呵斥，也不需要说什么好话，因为在人情绪激动的时候，什么话都不会入耳。使用冷处理的方法可以使双方都能冷静下来，然后再去处理。

　　其次，冷处理可以使儿童的自尊受到保护。每个人都有很强的自尊心。在人发脾气的时候不希望有人管，更不愿意受到批评。在孩子犯错误或者是与同伴发生冲突的时候，如果家长火冒三丈，在他人面前严厉批评孩子，这会严重损害他的自尊心，甚至会给他造成心理阴影，影响其身心健康。因此，在这种场合下，冷处理就被派上用场了，不要当众批评孩子，让其感觉自己没有面子。

最后，冷处理还能促进儿童进行自我教育。众所周知，教育是一种由内而外的过程，无论是家长还是老师的教育，这些最终都会转化为儿童的自我教育。苏霍姆林斯基曾经指出："只有促进自我教育的教育才是真正的教育。"在家庭教育中，冷处理往往能取得很好的效果。它能为受教育者提供思考的时间，同时也能让教育者更好地了解受教育者。其实，并不是只有孩子才是受教育者，有时候家长也会被儿童的一些话语所教育，所以在发生冲突的过程中，冷处理可以很好地协调二者之间的关系，并实现自我教育。

当然，冷处理并不代表着不作为。例如，在孩子犯错误的时候，家长不要大声呵斥，更不要打骂。首先要了解原因，然后引导孩子从错误中学习经验和教训，给他改过自新的机会。把批评教育的过程转变为促使孩子学习进步的机会。相信，这种处理方式能够取得更好的效果。

冷处理方式之所以比其他方式更有效是因为孩子在受到"隔离"或者"冷落"之后，心灵就会受到强大震撼。在他们看来，自己被区别对待并不是一件好事，所以，他们就会通过改正自己融入集体。这种方法不仅达到了教育的目的，而且还能培养孩子形成更加健全的人格。

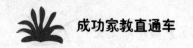

四、教育令"陌生人"喜欢的孩子

在现实生活中，我们经常会看到两类儿童：一类是特别有礼貌，见到老人就问"爷爷好"、"奶奶好"，见到跟自己父母年纪一般大的就问"叔叔好"、"阿姨好"，他们特别懂礼貌，受到大人的喜爱；另一类孩子就是从来不会叫人，即使是爸爸、妈妈叫得也比较少，而且也不知道礼貌是什么，这让家长们很是担忧。

那么，为什么年龄相当的孩子在文明礼貌方面会有这么大的区别呢？很多家长都将原因归结于孩子自身，认为这是孩子性格造成的。其实这种想法是一种推卸责任和不负责任的表现。新生的孩子如同一张白纸，家长和社会给他灌输什么，他就成为一个什么样的人。可见，家庭教育和社会教育都是非常重要的。

在家庭教育中，家长起着至关重要的作用。很多家长总是担心不礼貌会严重影响孩子前途，但是却从来不想办法对其加以改正。如果你的孩子还无法做到文明礼貌，下面可以向你提供几条建议：

第一，家长成为孩子文明礼貌的榜样。家长是孩子的第一任导师，家长的一言一行都会影响孩子。所以，如果想让自己的孩子成为讲文明、懂礼貌的人，家长必须以身作则，对孩子进行言传身教，只有这样，才能使孩子耳濡目染，做到有礼貌。在与他人交谈的时候，家长应使用文明用语，无论孩子在场与否，都应当将自身最好的一面展现出来。

第二，在孩子出现不礼貌行为的时候，家长应及时纠正。随着孩子交往面的增大，他们接触的人也越来越多，这就会导致其不可避免地沾染一些不良习气，或者是学会脏话。在家长发现之后一定要及时纠正。

第三，在日常生活中注意对孩子文明礼貌思想的灌输。例如，孩子想给小朋友打电话约好出去玩，没想到是小朋友的爸爸接的电话，此时家长就应当教育孩子首先问叔叔好，然后告诉他自己打电话的理由，最后表示感谢。相信这一次的教导，孩子之后打电话都能做到有礼貌。其他事情也是如此，只要家长肯用心，教育出懂礼貌的好孩子不是难题。

第四，在合适的场合教孩子说恰当的文明用语。家长对孩子文明用语的灌输只是一个基础，最重要的是不断实践，在使用中强化记忆，这样可以让孩子打心底就认为文明礼貌体现了一个人的素质和修养，所以就会自然而然地努力做到。

第五，强化孩子的自尊意识。当一个人没有自尊的时候就会我行我素，从来不会在意别人的评价，不仅不懂得尊重别人，更不会尊重自己。家长只有教育孩子尊重别人，才能自尊自爱，进而了解怎样做是好的，怎样做是不好的甚至能引起他人反感和厌恶的。当孩子的自尊心得到强化之后，他就会注意自己的形象，更会有意识地改正自己的不良习惯。

如此种种都说明了父母在教育孩子成为文明礼貌之人中应当做到的事情。父母只有给出正确的指导和引导，再加上孩子自身素质的提高，才能保证孩子逐渐成长为受欢迎的人。

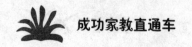

五、在亲情中塑造孩子的人格

亲情是人世间最朴素最珍贵的感情，它是家庭教育的基础。亲情并不是空泛的概念，它是通过实实在在的行动体现出来的，如父母照顾生病的儿女，哥哥姐姐对弟弟妹妹的关爱，在出现困难的时候共同度过难关等。孩子健全人格的塑造离不开亲情的陪伴，更需要亲人之间的相互沟通。

在家庭生活中，很多家长只是一味忙于工作，与孩子进行感情沟通的时间特别少，即使有闲暇时间，家长也会把话题引到学习中来。他们一般不会与孩子一块儿游戏，更不会进行心灵上的沟通，最终导致孩子情感教育的缺失。如果这种情况持续时间过长，亲子关系会慢慢疏远，孩子也会出现一系列的问题，如自卑、孤僻、行为异常，如果情况严重的话还会走向极端。长此以往，当他们走向社会之后，也不懂得关心别人，无法融入社会。

在孩子健全人格的形成过程中，家庭、学校和社会都发挥着重要作用。健全人格的形成和发展需要他人积极关注和自我关注实现协调一致，而家庭教育中的他人就是家长。家长对孩子的积极关注主要表现在亲子沟通上。那么，如何做到有效的亲子沟通呢？有效沟通应当是沟通双方进行平等对话和思想交流，也就是相互倾听。

首先，家长应关心孩子的全面发展，不要只把关注点放在学习成绩上。家长还要关注孩子的心理状况和情感需求，了解他们的所思所想，给他们创造温馨和谐的家庭氛围，使其拥有快乐美好的童年记忆。其次，家长应对孩子做到尊重、观察、倾听、理解和信任。尊重是实现有效沟通的重要前提，在沟通过程中，家长应多观察和倾听，当听到孩子抱怨或者是感到不满的时候，家长应表示理解，并相信他们可以处理好自己的事情。最后，家长要与孩子共同进步。作为著名的人类文化学家，米德认为"当代青少年有很强的文化反哺能力，他们能够把对不断变动中的社会生活的理解和不断涌现出的新知识传递给自己的长辈"。在生活中，父母的各方面都会对孩子产生直接的影响，但这不表明家庭教育过程就完成了，它需要家长们的不断提升，特别是在孩子将一些信息反馈回来的时候，一定要引起家长的注意。

如果想要培养有健全人格的孩子，需要家长们明白细节的重要性。有这样一个有代表性的例子：

有一天早上，小约翰下楼吃早餐的时候，他在妈妈的盘子里放了一张叠得整齐的纸条。妈妈打开纸条后，发现上面写着：妈妈应付给约翰跑腿费3美分、倒垃圾2美分、扫地2美分、小费1美分，妈妈应该付给小约翰8美分。读完之后，妈妈只是笑了笑。在午餐的时候，妈妈把一张纸条和8美分放到了小约翰的盘子中。当约翰看到钱时，心里特别高兴，他赶紧把钱放到了口袋中，想着如何去花。突然，他看到了盘子中还有一张纸条，也是叠得整整齐齐，打开一看，上面写着：怀胎十月免费、喂奶水免费、吃饭免费、衣服免费、漂亮的房间免费，小约翰应该付给妈妈0美分。看到这张新账单，小约翰无话可说了，他把口袋中的8美分掏出来还给了妈妈。此后，小约翰经常主动帮妈妈做事情。

就是这样一件小事，约翰就能感觉到妈妈对自己的爱，相信他长大之后肯定能好好孝敬父母。正是在这样的一些小事中，家长通过自己的亲情改变了孩子的一些错误想法，塑造出孩子健全的人格。

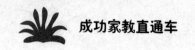

六、己所不欲勿施于人的探寻

己所不欲，勿施于人。

——孔　子

谁要立足在今后的世界上，谁就得深切记住，不要养成妨害他人的习惯。

——叶圣陶

这两句名人名言足以说明教育孩子为他人着想是非常重要的。

如今，独生子女越来越多，在家庭里往往处于中心地位，大人们都得围着转。这就使他们养成了做事只考虑自己，从来不考虑别人的坏习惯。这种孩子缺乏责任感，更不可能处理好个人与他人、个人与集体、个人与社会之间的关系，助人为乐、孝敬父母、尊敬长辈更是无从谈起，在很多时候就被认为是自私的。所以需要对他们强化做人教育。

我们最常见的事例就是孩子想要什么东西，家长就得给买，否则就"大闹"，在买完之后又不允许家长碰，认为既然是给他买的，东西就是他的了，其他人根本无权干涉或者是碰触。这被认为是一种自私的表现，只管自己，不管别人。

其实，自私是一种本能，是一种自我保护，也是一种下意识的反应。人们往往将自私与贪婪相提并论，认为是一种恶劣品质。那么家长如何避免孩子这种问题的发生呢？

例如，家长不能过分满足孩子的要求。溺爱和娇惯只能让孩子变本加厉，唯我独尊，家长应对孩子只考虑自己、以自我为中心的要求断然拒绝，引导他们多考虑他人的感受。另外，在某些时候，家长向孩子提出一定的要求也是必要的。作为家庭成员，孩子也应当承担一定的义务，为他人做点什么，而不能一味索取。

在生活中，叶圣陶先生特别重视对儿女如何做人的教育，在关于个人事情方面，叶圣陶都会给他们极大的自主权，但是一旦涉及子女与他人之间的相处之道，他都会管。

有一次，他让儿子给他递支笔，儿子随手就递过去了，却没想到笔头放在了他手里。他告诉儿子："在给别人递东西的时候一定要考虑人家用手接方不方便，你把笔头递给人家，人家得自己倒过来；如果没有笔帽，还得弄人家一手墨水。"或许在很多人看来，这只是一件非常小的事情，叶圣陶不需要如此在意。其实恰恰相反，他的这种态度说明他对家庭教育的重视，更强调了为他人着想的必要性。因此，在他的谆谆教导下，儿女们都懂得"我是生活在人们中间的，在我以外，更有他人，要时时处处为他人着想"的为人处世道理。

在生活中，孩子与大人的最大区别就在于孩子们正在成长之中，他们总是以为自己可以有特殊权利，所以在做事情的时候往往不会顾及他人的感受。在这种情况下，家长就应当想办法教育孩子应当尊重他人，时刻为他人着想，任何事情不能完全以自我为中心，更不能为所欲为。相信，只要孩子明白了"己所不欲，勿施于人"的道理，他们就会懂得乐于助人，在生活和学习中以一颗宽容之心对待他人的过失和错误，成长为一个对社会有用的人。

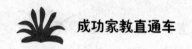

七、好习惯成就好孩子的一生

美国哲学家与心理学家威廉·詹姆士说："播下一个行动，收获一种习惯；播下一种习惯，收获一种性格；播下一种性格，收获一种命运。"可见，习惯对人的命运非常重要。习惯是一点一滴积累而成的，当彻底形成之后就难以改变了，可以用"江山易改，本性难移"来形容。当然，好习惯也是如此。拥有良好的习惯，一个人可以终身受益，家长应该都能认识到这一点，所以孩子在生活中的行为举止对好习惯的养成就显得越发重要。

孔子说："少成若天性，习惯成自然。"其基本意思为小时候养成的习惯就如天生似的，很难改变。近代英国教育家洛克在其《教育漫话》中说："儿童不是用规则教育就可以教育好的，规则总是被他们忘掉。你觉得他们有什么必须做的事，你应该利用一切时机，给他们一种不可缺少的练习，使它们在他们身上固定起来。这就使他们养成一种习惯，这种习惯一旦养成以后，便不用借助记忆，很容易地、很自然地发生作用了。"

习惯包括很多方面，如品行习惯、学习习惯、生活习惯等，而好习惯的培养也需要从这些方面入手。良好的品行习惯最起码能保证一个人是好人。首先应培养孩子良好的做人习惯。这包括很多方面，如尊重他人、乐于助人、学会分享、诚实守信、彬彬有礼、与人合作、与人为善等，当然也需要纠正孩子的不良习惯，如说脏话、爱打架、欺负弱者、偷东西等。另外，家长需要培养孩子讲究美德的习惯，如善良、宽容、有责任心、同情他人、勤俭节约等。与此同时，健康的心态习惯也需要培养，如勇于面对失败、有毅力、坚强、勇敢等。如果想要有满意的学习成绩则需要培养孩子良好的学习习惯，如多阅读、上课认真听讲、按时完成作业、课外及时复习和预习。良好的生活习惯可以让人身心更健康。

有调查表明，人们的日常生活大部分是习惯使然。如几点起床、如何刷牙洗脸、吃早饭等，在一天之中会重复很多种习惯。但是这些习惯不可小觑，它对我们的生活有着很大的影响，甚至决定我们的命运。

有这样一个故事：

从前有一个猎人，在狩猎的时候捡到了一只被遗弃的刚刚出世的小豹子，于是这个猎人就把它带回山脚下的家中，让其与家禽生活在一起。

慢慢地，这只豹子长大了。谁知一段时间内，山上的老虎经常到山脚下的这个村里来找肉吃，很多人都丧命了，虽为猎人，但是他也非常恐惧，家禽更是如此。但是他们还是幸运的，因为并没有遭到老虎的蚕食。

在这种情形下，豹子说："我要是跟老虎有同样的威力就好了，这样可以打败它，为父老乡亲们报仇。"

听它这样说，其他的家禽每次都会提醒："你只是一只大猫而已，别做梦了！"被多次提醒之后，豹子就觉得自己的确是一只大猫，见虎就躲，但最后没做争斗就丧命虎口。

其实，我们可以观察生活中的芸芸众生，多少年来，好习惯成就了无数成功人士，而坏习惯也毁掉了不少人的美好人生。在习惯养成之后，它带有一定的稳定性。因此，如果孩子有一些不良习惯，家长一定要重视并帮助其改正。从行为心理学上来说，21天以上的重复就会形成习惯，而90天以上的重复就会形成稳定的习惯。当然，不良习惯的摒弃也需要同样的时间。家长可以帮助孩子尝试改变一个星期，这需要家长和孩子的共同努力，无论多么不舒服也要坚持。当坚持到21天左右的时候，要继续重复之前的言行，此时就不会觉得别扭，但是还需要刻意提醒，否则就功亏一篑。在90天左右的时候，好习惯就会养成，坏习惯也会去掉。

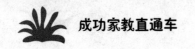

八、绚烂的生命来自感恩的力量

2013 年 4 月 20 日，四川省雅安市芦山境内发生了 7.0 级地震。人民生命财产安全受到了严重威胁。这离 2008 年的"5·12"地震已经有将近五年的时间，但是谁都没有料到地震会再次侵袭四川。在灾难面前，有舍己救人的老师、家长、武警官兵，甚至还有同学，他们上演了一幕幕可歌可泣的感人事迹。能够存活下来的人就是幸运的，他们会带着感恩的心态继续生活，珍惜生命。

对于天灾的突然来袭，人们很多时候都会感到无能为力，只能尽量减少损失。但是，人祸的发生让人不禁寒颤。在家庭教育中，很多父母对子女百般呵护，生怕有一点闪失，但这种呵护往往只是停留在孩子的吃穿住用行上，并没有过多关注孩子的心理问题。

如今，关于中小学生自杀事件的报道越来越多，自杀原因多样，有的是因为缺少父母的关爱，有的是因为课业负担过重，有的是因为情感问题……2011 年 9 月 20 日，江西九江市庐山区赛阳中心小学 3 名学生因不堪作业压力相约跳楼自杀的新闻引起了社会的强烈反响。这种行为足以证明他们 3 人对生命的轻视，对家长的不孝敬，对老师的不尊重，对自己的不负责。或许还有很多孩子也在抱怨课业重、压力大，但是最起码他们没有采取极端的行为，抱怨是发泄情绪的一种好方法，但是任何有害自身和他人生命安全的行为都是令人唾弃的。纵然，学校应对学生的这种行为负一定的责任，但是家长也难辞其咎。

当孩子离开学校之后，家长是孩子的教育者。而作业也是孩子在家中做的功课，全程都是在家长的眼皮底下进行。既然孩子如此厌倦写作业，抱怨作业多，家长应当及早发现并进行疏导。或许很多家长从来都不关心孩子的作业，更不会主动了解孩子在学习中所遇到的苦恼，只是要求考试考个好成绩，对孩子情感教育的缺失成为导致悲剧发生的重要原因。

感恩教育需要家长在孩子很小的时候就进行。孩子应当感恩父母、感恩老师、感恩社会，甚至是感恩大自然。感恩是一份美好的感情，是一种健康的心态，是一种良知，更是一种做人的动力。在人有了感恩之情后，心灵就会得到滋润，每时每刻都能闪烁着智慧的光芒。因此，家长在教育孩子的过程中必须培养他们感恩的品质，让他们带着感恩的心情生活、学习和工作。

家长想要培养孩子的感恩品质，可以从以下几个方面着手：如以感恩的文化来熏陶孩子，用"知恩图报"、"投桃报李"、"受人滴水之恩，当以涌泉相报"等话语和一些关于"感恩"的故事来感染孩子；在感恩方面，家长应对孩子做出表率，即言传身教，注意文明用语；鼓励和赞扬孩子的感恩行为，当孩子能够主动关心他人、帮助困难同学的时候，家长应对其加以肯定。另外，家长还可以通过培养孩子的家庭责任感来让其学会感恩。作为家庭成员，每个人都有自己必须承担的义务和责任，强调家庭责任意识可以让孩子有更多的精力和动力奋斗在自己应当做的事情上，即使出现了困难，也要昂首挺胸、勇往直前，绝不退缩，更不会逃避。

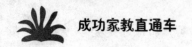

九、杨澜育儿经值得大家学

众所周知，杨澜是国内资深电视节目主持人，她曾经主持过很多电视节目，如《正大综艺》《杨澜访谈录》《天下女人》等。如此耀眼的光芒背后，她还是两位孩子的母亲。

下面是中国是 2012 年 11 月 19 日《中国青年报》对杨澜相关育儿经的报道《健康体魄比奥数班更重要》摘选：

杨澜并不认同为了减少孩子和电子产品的接触，就让家里的电视、电脑等产品全部消失，人为地进行隔绝。"这会极大地影响孩子在班里的社交。"杨澜说，这样做的结果是，当班里孩子都在说他们热衷于看的某一个卡通片和一个游戏的时候，孩子只能无话可说。

随着孩子们步入学校，和网络的接触越来越多，学校几乎所有的功课都要在网上完成，他们还经常通过网络看一些喜欢的卡通片、电影，跟同学聊天。看到孩子一直坐在电脑前面，杨澜也开始慌张，但她明白，如果经常问孩子到底在做什么，是对孩子的不信任。最后，杨澜跟孩子们达成了一个"交易"：从眼睛的保护、身体的发育、颈椎的成长以及学习等各方面考虑，星期一到星期五不上网看无用的东西，不玩游戏；星期五晚上、星期六和星期天每天只玩一个小时。孩子们同意了。

既然谈好了，杨澜就充分尊重他们的选择。看到孩子待在电脑前，虽然心里很想知道他们在干什么，但杨澜就跟自己说："不要问他，他一定在做作业。"

健康的体魄比奥数班更重要。

现在的孩子"压力山大"，课业要搞好，奥数、英语不能少，课余还要学才艺。可孩子的精力是有限的，作为家长，如何帮助孩子平衡各方面的关系，作出选择和取舍？

可能跟自己的经历有关，杨澜不认为那些课外的辅导班有那么大的作用，相反，她认为，上了课外辅导班很可能让孩子上课就不认真听了，所以她的孩子没有去上奥数班，她也没有给他们做任何跟知识相关的课外补习。

多出来的时间干什么呢？当然是去锻炼。

"大家去看看自己的孩子，特别是看看自己家的男孩子，他的骨骼、他的肌肉真的在发育吗？"杨澜担任政协委员的时候，曾和几个委员一起提交过一个关于提高民族体质的提案。她认为，目前我国青少年的体质非常让人担忧，无论是爆发力、耐力还是力量，都全部低于日本。而一个人的体魄跟其精神力、意志力、活跃程度以及创造力都有直接的关系。

这样的背景下，在奥数和运动之间，杨澜毫不犹豫地给孩子选择了运动。"如果因此没有得100分，只能得85分，我认了，因为不需要知道那么难的题目。"但是，"我需要你锻炼，需要你正常的、健康的发育，在长大成人的时候，有一个健康的体魄，有着非常有活力的生命的状态。"杨澜说。

一到周末，杨澜就给孩子充足的时间去出汗、去锻炼，并且亲自陪着。而杨澜发现，这还让她有个意外的收获：跟孩子建立起了"哥们儿"般的友谊，大大促进了亲子关系。

在培养孩子的兴趣上，父母也会面临选择的困惑。

杨澜坦言自己也犯过错误：儿子在5岁的时候，杨澜曾逼他练钢琴。钢琴老师问杨澜的儿子：你为什么要学习钢琴呢？儿子回答：是妈妈让我学的。

在学琴的4年中，儿子痛苦，杨澜也不愉悦，"为学琴冲他歇斯底里地叫喊过。"终于有一天，儿子说"妈妈，我想把钢琴砸了"，杨澜意识到儿子是真的不喜欢弹钢琴，于是终止了儿子的学琴生涯。

杨澜的女儿却喜欢弹钢琴。杨澜由此感叹，哪怕是同样的父母、同样的家庭，每个孩子也不尽相同，孩子的天性真的有神秘之处，必须要对此敬畏。

"男孩穷养女孩富养"的根本是财富观。

近年来，"男孩穷养女孩富养"的说法在不少爸妈中盛行，这种说法认为，只有穷养男孩，苦其心志，劳其筋骨，将来他才可担当大任；只有富养女孩，在物质上开阔其视野，在精神上丰富其思想，将来她才能见识广，有主见，一生幸福。

杨澜对此并不以为然，她认为对男孩太严苛了会让他习惯顺从权威，男孩从小过分穷养也可能让他变得唯利是图。有一些人在成年以后走上歧途，恰恰是因为他们小的时候过于贫穷，以至于有钱高于一切从小在他思想里扎了根，为了达到这个目的，可以不择手段。同样，有的家庭经济条件非常优越，把女儿娇宠到傲慢、无知的程度，殊不知，溺爱只能让女儿长大后骄纵无礼，"谁愿意娶这样的女孩进门？"

杨澜认为，不管父母是穷还是富，孩子将来都要自己经营人生。因此，父母要让孩子学会从小把钱、情感、价值、精神能够放在一个相对合理的位置上。杨澜的做法是，在孩子很小的时候就给他们灌输一个理念：18岁以后，妈妈把大学的学费都交齐了，你们就自己过日子了。

接受了这样的理念，孩子们正确的财富观自然就会慢慢培养起来。

暑假的时候，杨澜的儿子去博物馆实习，跟工人们一起拆木箱、钉钉子、做记录，因为是高中生，博物馆并不给他付工钱。中午在外面吃饭，班上有一些同学吃比萨，还有一些同学甚至吃更贵的寿司等，但儿子觉得自己还没有挣钱，就买了一个5元的三明治吃了。回来以后，杨澜对儿子的行为大加表扬。杨澜跟儿子说，你要算算，假设你刚刚大学毕业每个月可以挣多少钱，如果一顿饭就花40元，意味着你根本养不活自己。

"穷养、富养，归根到底是一个财富的价值观问题。"杨澜认为，不论男孩还是女孩，关键是要培养正确的价值观、财富观。而过分纠结于穷养、富养的问题，"往往是父母自己过于看重金钱的结果"。

第六章
如何引导孩子爱上学习

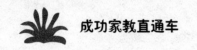
一、想要天上的月亮不是妄想

在学习中，你的孩子够自信吗？在遇到难以解答的问题时，他会主动思考吗？在老师和同学面前，他能表现自如吗？答案无非就是两种：能或者不能。孩子学习自信心的形成与他人的评价有很大的关系，其中最为关键的就是家长的评价。如果你的孩子没有足够的自信，那就需要检讨一下你的教育方式了。是不是自己的言行打击到孩子脆弱的自信心了？

有这样一个案例：小强今天晚上特别高兴，因为他提前把作业写完了，于是蹦蹦跳跳地去告诉父母，希望能得到他们的表扬。的确，在听到儿子学习这么认真之后，夫妻两人心里特别高兴，但是没有表现出来，只是冷冰冰地说："你只是今天提前做完了，再说完成作业是学生的天职，你看人家哪个同学不比你写得快？"这些话语宛如一盆冷水浇到了小强的头上，在失望之时，他只能悻悻地走了。在小强父母看来，千万不要给孩子骄傲自满的机会，所以基本上不会表扬他，即使是在外人面前，该说的照说不误。

当然，这对父母的做法是欠考虑的，或许他们是出于鼓励孩子的目的才这样说的，但是其产生的效果恰恰相反，孩子不仅没有感受到鼓励和表扬，反而备受打击，产生严重的挫败感。

学习是需要自信的，只有在充分感觉自己有信心的时候，孩子才会采取行动。但是家长却往往看不到孩子背后的努力以及完成任务的喜悦之情。众所周知，"谦虚使人进步，骄傲使人落后"的道理影响了一代代人，所以，很多家长吝啬对孩子的表扬，但这种教育理念下所培养出来的孩子往往是缺乏自信的。大家可以想象一下，小强在父母这种态度下还会继续努力提前完成作业吗？以后学习上的事情，他还会告诉父母吗？学习还有劲头儿吗？一般来说，应该是不会的。如果真的发生这种情况，家长就应该开始反思，但最令人害怕的就是为时已晚。其实，每个人都是需要适当自我膨胀的，因为它会帮助人们把积极性充分调动起来。

如果想提高孩子学习的自信心，家长应当怎样做呢？

首先要多鼓励和表扬孩子，使他们时刻都能保持积极的心态。当孩子考试成绩不好、心情沮丧、自卑心理重的时候，家长应当找到孩子的进步之处，哪怕是一点点，也可以带有鼓励和安慰地说："虽然这次考得不好，但是你的努力我们都看到了，比如说这个地方，你之前不会，但是这次做对了，这已经有很大进步了。相信只要你持续努力，必然能迎头赶上。"在得到父母精神支持和鼓舞下，孩子可以重拾自信。如果孩子出现了好高骛远的想法，比如他想把天上的月亮摘下来，这并不是一件可笑的事情，更不能以此事来讽刺孩子，而是帮助孩子树立这种信心，告诉孩子如果想要实现这个愿望就必须好好学习，相信在他的努力之下，所有的理想都可以实现。

其次要尊重孩子的人格。每个人都渴望得到他人的尊重，孩子更希望能得到父母的尊重和支持，因为他们对父母有很大的依赖性。在家庭教育中，在任何情况下，家长都不应说一些有辱孩子人格、伤孩子自尊的话语，如"你真是把我的脸给丢光了"、"你怎么这么没出息"、"笨死算了"……除了不进行语言攻击之外，家长也不能对孩子进行棍棒教育。如果因为学习成绩不好，家长打骂孩子，那么孩子就会更加厌恶学习，甚至把自己所受到的伤害都归因于学习，所以就会与学习较劲。

另外也要对孩子的失败表示理解。当孩子在学习上出现问题伤心难过的时候，很多家长漠不关心，甚至还挖苦、讽刺。这其实是对孩子的二度伤害。本身成绩不好，自己压力就特别大了，再加上父母的不理解，顿时就会心生绝望，失去学习的信心和勇气。如果家长能够表示理解，与孩子共同分析失败的原因，找到解决方法，那么孩子必然是另一番心境。

因此，当孩子对学习充满信心时，家长应鼓励和表扬；当孩子讨厌学习的时候，家长应帮助排解和引导。总之，家长的一切做法都应以孩子的健康成长为核心。

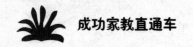

二、因"材"施教、对"症"下药

在学校教学中，教师被强调最多的就是做到"因材施教"，而这里的"材"多为学生的学习现状。医学中多强调对症下药，而"症"就是病根所在。当然，在家庭教育，家长也应当把握"施教"和"下药"的核心，即据孩子性格而为。在这里，我们可以探讨如何根据孩子的性格来选择教育方式，使其学习成绩得到不断提高。

弗洛伦斯·妮蒂雅是美国的女作家，她在《性格解析》中将人的性格分为四类，即活泼型（Sanguine, S 型）、完美型（Melancholy,M 型）、力量型（Choleric,C 型）及和平型（Phlegmatic,P 型）。这里我们所采用的观点是 1998 年 10 月经济日报出版社由江雅苓和黄思泓翻译的中译本。

在《性格解析》中作者分别用一段诗来说明四种性格人的特点，首先是活泼型：

遇到麻烦时带来欢笑，
身心疲乏时让你轻松。
聪明的主意令你卸下重负，
幽默的话语使你心情舒畅。
希望之星驱散愁云，
热情和经历无穷无尽，
创意和魅力为平凡涂上色彩，
童真帮你摆脱困境。

其次是完美型：

　　洞悉人类心灵世界的敏锐目光，
　　欣赏世界之美善的艺术品位。
　　创作前无古人之惊世作品的才华，
　　工作忙乱时细微的观察。
　　思维缜密，始终如一的处事目标。
　　只要事情值得做，必定有做好的决心。
　　任何事都做得有条不紊、圆满成功的理想。

再次是力量型：

　　当别人失去控制时，他有着坚定的控制力。
　　当别人正在迷惘时，他有着决断力。
　　他的领导才能会带领我们走向美好。
　　在充满疑虑的前景下，他愿意去把握每一个机会。
　　面对嘲笑，他会满怀信心地坚持真理。
　　面对批评，他会仍然坚守自己的立场。
　　当我们误入迷途时，他会指明生活的航向。
　　面对苦难，他必定顽强对抗，不胜不休。

最后是和平型：

　　稳定地保持原则。
　　耐心地忍受惹事者。
　　平静地聆听别人说话。
　　天赋的协调能力，把相反的力量融合。
　　为达到和平而不惜任何代价。
　　有安慰受伤者的同情心。
　　在周围所有人都惶恐不安时，仍保持头脑冷静。
　　充满着决心去生活，甚至敌人都找不到你的把柄。

以上都是对四种性格优点的赞美，但是这并不代表我们可以忽视各种性格的缺陷。

活泼型的人的缺点主要表现在说话太多；以自我为中心；不注意记忆；变化无常，容易忘记朋友；好打断别人的话并替别人回答问题；做事没有条理，不成熟。完美型的人的缺点是容易抑郁；自惭形秽；做事拖拖拉拉；对别人有不切实际的要求。力量型的人的缺点是强迫性的工作；喜欢控制别人；不知道如何处理人际关系；不受他人欢迎。和平型的人经常无法做到兴奋和振作；害怕改变；沉默不语；做事马虎、随便。

那么当家长与孩子的性格不同类型或者是相同类型时，家长如何做才能改善孩子的学习状态？

例如，当孩子性格是和平型，家长性格是完美型，这需要家长尊重孩子。和平型的人不愿意被人指使，他们希望按照自己的生活方式学习和生活，因此对于这种孩子来说，尊重是最重要的。而完美型的父母不仅对自己有很高的要求，力求完美无缺，对孩子的要求也很高，他们无法理解如果孩子按照自己说的，怎么可能做不好。在大人的强势镇压下，孩子无法反对父母的很多决定，但是又无法将自己心中的想法表达出来，所以内心异常痛苦。此时，完美型的家长应尊重孩子，保证他的自信，了解孩子所思所想，然后想办法让和平型的孩子振作起来，勇敢尝试新鲜事物。切记"多一些尊重，少一些强迫"！

当力量型的父母遇到力量型的孩子时往往会争吵不断。因为他们都希望成为对方的领导者，不愿意接受别人的支配。在争吵过程中，孩子的反抗并不能被片面地认为是一件坏事，这说明他们有主见、有独立的判断能力，因此家长一定要给予他们诉说的机会，否则容易制造出问题儿童。切记"多一些支持，少一些支配"！

当完美型的父母遇到活泼型的孩子，反差就特别明显了。完美型的人要求生活有条理，希望别人也能做到。而活泼型的人的生活永远缺乏条理，他们讨厌循规蹈矩，所以，完美对于他们来说只能算是一种追求。完美型的父母在活泼型孩子眼中是严厉的家长，他们应当对孩子"多一些赞扬，少一些批评"！

完美型的家长对完美型的孩子应"多一些鼓励，少一些苛刻"！

活泼型的家长对活泼型的孩子要"多一些条理，少一些混乱"！

力量型的家长对和平型的孩子要"多一些平等，少一些武断"！

和平型的家长对活泼型的孩子要"多一些责任，少一些纵容"！

力量型的家长对活泼型的孩子要"多一些引导，少一些指责"！

……

虽然这些分类带有一定的科学性，但是并不能囊括所有的性格类型，因为很多人是多种性格兼有。但不管怎样，家长可以根据这种性格分析法找到适合孩子的教育方法。

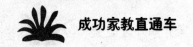

三、孟母"自愧不如"的陪读

在家庭中，"陪孩子写作业"已经成为很多家长的必修课。而孩子也已经习惯了写作业过程中家长的陪伴，因为他们可以让父母帮忙做题、检查作业，这严重影响了孩子独立思考能力的培养，甚至有些孩子直接会说："这个题我不会，你直接告诉我答案吧。"面对孩子的祈求和困惑，家长们也无能为力，只好告诉他们，但是担忧之心也随之而生。

家长可以思考一下：是他们真的不会做吗？当然不是，他们只是过度依赖父母，自己不想动脑筋而已。如果这种情况持续下去，孩子的学习成绩不会有提升，只会不断下降。用一句功利的话来说就是"家长的付出没有任何回报，而且还害了孩子"。那么，为了保证孩子健康成长，在孩子学习中，家长应担当什么样的角色呢？

很多家长认为对孩子好就是要满足他的一切需求，其实不然，对孩子有求必应是溺爱孩子，这对孩子是有百害而无一利。因此，家长们一定要认识到这一点，特别是在学习上，过多的陪伴无好处。当孩子遇到不会的问题问父母时，家长可以给他讲解，但是其过程需要孩子的全程参与，即使有答案得出，那也需要孩子自己得出。如果感觉孩子真的听懂了，可以出类似的问题再考考他，这样不仅能检验所学，更能强化知识。如果孩子要求家长陪着自己写作业，家长完全可以说："每个人都有自己的任务，爸爸妈妈的任务就是上班挣钱，等工作忙完了，就可以回家休息了。而你的任务就是学习，在写完作业之后也可以玩或者休息了。当然，如果有不会的问题可以问。"这种拒绝可以让孩子明白做作业是自己的事情，然后独自面对。如果真的出现连家长都不会的问题，家长也不必感到羞愧，可以对孩子说："这个题我们也不会。要不你再看看书本中有没有讲这个知识点，如果没有，那你明天可以问老师或者是同学。等你弄明白了再回家来讲给我们听。"通常来说，孩子都不希望留问题到第二天，他们会主动翻课本，想办法来解决困难，这样就提高了学习独立性。

另外，为了表示自己对孩子教育的重视，很多家长晚饭过后还得等着孩子做完作业之后给他检查，即使再困也得等。其实，这并不值得提倡。因为家长检查作业首先体现出了对孩子能力的不信任，另外这也不利于孩子自身能力的培养，甚至有些孩子产生依赖心理，在做作业的时候从来不会提醒自己仔细、认真，他们认为做的不好也没事，反正父母还得检查一遍呢！那如果考试怎么办？家长也跟着去检查吗？这当然不切实际。

曾经有一个小姑娘平时作业做得特别好，但是每到考试就成绩平平。老师们以为她害怕考试，所以每次发挥失常。但是翻看卷子发现考试中出现的错误，平时作业中她从来没有犯过，所以老师们都特别纳闷这是怎么回事。原来，平时都是父母帮她检查作业，家长指出错误之后她立马改正，但只是作业本上改了，并没有记在心中。所以，才会出现与平时有着强烈反差的情况。其实，生活中的这种情况不在少数，家长的付出根本没有起到任何作用。所以，促使孩子彻底改正的最好办法就是使其尝到"恶果"。

在老师眼中，玲玲是一个成绩优异的孩子，但是父母却知道，孩子优异的成绩中有自己的功劳，因为每天晚上玲玲写作业的时候，父母都会陪着，中途有什么问题，家长会及时解答，写完之后他们也会给玲玲检查。慢慢地，玲玲的父母发现女儿的依赖性太强了，如果继续这样下去，她的学习成绩肯定会出现很大滑坡。那怎么办才好呢？于是玲玲爸爸想了一个好办法。

这天，玲玲一如既往地把作业放在桌上让爸爸给检查，在出门的时候还不忘提醒爸爸："这个作业明天是要评优的，一定帮我仔细检查啊！"但是，爸爸没有答应。而玲玲也没在意，就出去玩了。到了第二天，玲玲哭着回来，手中拿着满是大红叉的作业，找爸爸算账，质问他为什么不给自己检查作业。

爸爸说："这是我做的作业吗？"

"我不是让你给检查吗？"玲玲委屈地说。

"又不是我做的作业，我为什么要检查？你为什么不自己检查？从现在开始，自己的事情自己做。"

从那之后，玲玲改变了依赖家长的习惯，虽然成绩的确出现了一些浮动，但是时间一长，她的成绩还是比较优秀的。

因此，家长一定要懂得必要的"放手"是正确的。

在没有爸妈的溺爱之下，孩子就会变得越来越独立。虽然这需要一个痛苦的适应过程，但那只是暂时的，对孩子有利才是长久的。

因此，如果再不把这种独特的中国式家长陪读方式改掉，恐怕连精心为孩子成才而付出的孟母也"自愧不如"吧。

四、读书看报中收获鲜活的知识

关于阅读的重要性，唐代诗人杜甫说过："读书破万卷，下笔如有神。"读书可以明智、可以怡情、可以治愚。也就是说，读书可以丰富人的思想、开阔人的视野、获得精神享受，使人变得更加睿智。当然，这也是很多家长让孩子多上学、多看书的初衷。

随着家庭生活水平的不断提高，家长越来越重视孩子的读书，甚至在怀孕期间就进行胎教，孩子出生之后给其创造一切可能学习的条件，不惜花大量金钱买各种儿童读物抽时间陪他们阅读。当然，在阅读过程中，孩子和家长都有所收获。

在王思博的博客中，我看到王思博妈妈所写的《与孩子一起读书的感言》这篇文章，其中记录了她与儿子共同阅读的点滴事情：

王思博在很小的时候就喜欢听故事，这几乎成了习惯，尤其晚上睡觉前必须要听，我把家里能讲的故事书几乎讲完了，如安徒生童话、中国神话故事等。后来我就给他讲《中华上下五千年》里面的小故事，经过几次以后，我发现王思博对里面的一些人物故事特别感兴趣，像"完璧归赵"、"指鹿为马"等，他非常喜欢听，而且自己平时也经常翻看这些连环画，这也提醒了我和他一起看中国历史书。因为历史蕴含着经验与真知，学习历史会帮助他了解昨天，把握今天，创造明天！

暑假期间，我和王思博专门一起阅读《中华上下五千年》这本书，每次他都坐在我的身边，我拿着书用手指着字一行一行地往下读，他听得很专注，不时还向我问一些问题。遇到生字，我就让他查字典，对一些讲过的故事再让他复述一遍。通过这种阅读方式，王思博不但学习到了一些历史知识，而且还认识了许多的汉字。

这是真人真事的"现身说法"，所以可信度还是比较高的。归结起来，家长与孩子共同阅读好处多多，下面可以简单总结一下：

第一，亲子阅读可以增加家长与孩子之间的感情。或许在当时看不出有什么作用，但其对父母与孩子之间的关系有着深远影响。它甚至关系到孩子走出家庭之后能否与他人和谐相处、能否融入社会。所以，如果想创造两代人之间的融洽关系，家长不妨采用陪孩子阅读的方式。

第二，与孩子共同阅读，家长可以丰富自己的阅历。世界上人无完人，每个人都不可能什么都了解，也许可以做到术业有专攻，但是很难做到全面通识。在陪孩子阅读过程中，家长不仅可以感受乐趣，更重要的是可以学到很多东西，甚至是对自己的思维方式作出调整，很多问题便迎刃而解了。

第三，亲子阅读过程中孩子的反应被家长尽收眼底。可见，这是家长了解孩子的重要方法，同时也可以想象出孩子在学习过程中的样子。

在了解了亲子阅读的诸多好处之后，我们可以探讨一下亲子阅读中家长需要注意的很多问题，如在拿到书之后，家长可以适当引导孩子浏览书名、作者或者出版社等相关信息，然后再学习查看目录或者是内容简介，对书籍有一个全面概括的了解。阅读的时间不需要有明确的规定，只要有空，孩子有兴趣，阅读就可以开始。在阅读过程中需要家长不断引导孩子进行思考，借机培养孩子善于思考的习惯。在阅读结束后与孩子共同讨论，了解孩子的想法，甚至可以让其谈谈自己最喜欢的部分，这样不仅锻炼了孩子的思维，而且还培养了他们的语言表达能力。

总之，读书的兴趣是可以培养的，而读书过程中也可以培养孩子的思考能力，这为学习能力的提高打下了基础，对学习很有帮助。

五、追根溯源：孩子为什么厌学？

　　家长认为孩子厌学是因为对学习不感兴趣或者是性格缺陷，甚至认为是遗传，从来不会花时间和精力去认真考虑孩子究竟为什么不想学习。其实，导致孩子厌学的因素有很多，基本上是内因和外因。内因是自身学习能力较低、自制力较差，外因是学习负担过重、压力过大。这需要家长的帮助和配合，同时也需要检讨自己，看自己是否真的尽到了做父母的责任。

　　那么导致孩子厌学的因素主要有哪些呢？

　　首先，过重的学习负担导致孩子产生厌学心理和情绪。如今家长有着急切的望子成龙、望女成凤的心态，当然，这也无可厚非。但是这种心态却使家长一再地对孩子施压，适得其反，孩子不仅没有成为自己期望的那样，甚至还朝相反的方向发展。现在的孩子不仅在学校中上学，还要上各种辅导班，学习各种技能和本领，休息和玩耍的时间有限，真是身心俱疲。在这样的状态下，孩子怎么可能爱上学习呢？一旦出现什么错误，家长就会责骂，因此孩子就会把所有的事情都迁怒于学习，久而久之就出现了厌学，一提学习就害怕。

　　厌学不仅是存在于一些"差孩子"身上的问题，即使是"好孩子"提到学习也会大倒苦水。他们觉得人活着就是为了学习，根本没有乐趣。巨大的学习负担重压下，很多孩子经常打疲劳战，郁郁寡欢，甚至讨厌与学习有关的一切人和事。

　　其次，孩子得不到家长的关爱也会厌学。随着人们生活水平的提高，很多家长已经认识到需要对孩子加大学习投入，所以拼命挣钱，让孩子学这学那，但是从来不会过问，认为自己的角色就是缴款人，孩子负责学习。久而久之孩子得不到家长的关爱，又缺少依靠，所以在遇到困难的时候只能选择逃避。

最后，孩子自身原因也是导致厌学的重要原因。虽说内因决定外因，但是对于思想意识还没有完全成熟的孩子来说，外因是特别重要的，所以内因有时候是无法起决定作用的。每个孩子从出生就有不同的学习能力，但是这种能力可以通过后天培养来改变。

那么如何解决孩子的厌学心理呢？这当然是一个大智慧。家长一定要根据子女的实际情况来给出合理的期望，千万不可好高骛远。在不了解孩子学习状态的前提下，很多家长就要求考试得考到什么样的分数，如果达不到要求，就得接受惩罚。以孩子的实际能力是根本无法达到的，所以整天处于恐惧中。相反，如果家长给出合理的安慰和鼓励，相信孩子的心境会变得大不一样。只要通过努力，哪怕只提高了一分，只前进了一个名次，家长也会给予赞许的目光，那么孩子的整个内心都会充满动力。另外，家长也需要帮助孩子树立必胜的信心。当一个人信心满满的时候，他就会变得锐意进取。同样，学习中的孩子也是如此。在孩子学习过程中，家庭教育是后备军，它可以为学校教育提供支撑和配合，另外还能为孩子创造成功的机会。很多厌学者都已经失去了信心，如果家长能够创造机会，让孩子体会到成功的喜悦，相信他一定能够重拾信心，克服自卑感，渐渐变得强大起来。与此同时，和谐温馨的家庭氛围也会对孩子学习产生影响。关于孩子学习的问题，夫妻二人切不可在孩子面前争吵，更不要向孩子灌输过多的家庭琐事，而是让孩子在一个相对宽松的环境中成长成才。

六、业精于勤而荒于嬉不是空谈

事实证明，凡是想不劳而获的人最终都是失败的。就学习来说，勤奋是根本的捷径，虽然其过程有些漫长，但是可以取得最好的效果。所谓勤奋，并不仅仅指充分利用时间阅读和练习，而是还包括勤动手、勤思考。古人云："业精于勤而荒于嬉，行成于思而毁于随。"所以，家长和孩子都必须认识到勤奋对学习的重要性。

古往今来，很多成功人士都是勤奋之人，正如爱迪生的那句感慨："成功是99%的汗水加上1%的灵感。"所以，任何想成功的人必须要勤奋。提及勤奋，很多人首先想到的是"天道酬勤"、"勤能补拙"、"铁杵磨针"、"闻鸡起舞"等。

有一位知名教授曾经讲过这样一个故事："在19楼蜗居的时候，我曾一度同一位年岁不是很大，但沉默寡言的中年教师住对门，他就是被称作'中国文科界的陈景润'的裘锡圭教授。别的我似乎忘了，但依稀记得他那10.5平方米的房间，面朝北，漏水，最靠角落，且房内四周从天花板到天棚堆的就是书。他是教古典文献专业的，我没有听过他的课，平时也很少说话，只是见面点头而已。有一回我上厕所，发现他蹲在那里，还在一页页地背字典、看辞书。人家告诉我，这不是第一次。在图书馆阅览室里，他总是用最快节奏的步子走到书架旁，抽出一本书，又一溜儿小跑地赶回座位，那动作，倘若记录下来，活像电视动画片里匆匆赶路的行人。当我们的孩子已追逐嬉戏在楼道中时，他仍是孑然一身，他整天扎在书堆里……"

现在，裘锡圭先生是复旦大学出土文献与古文字研究中心的教授、博士生导师。可见，"文科界的陈景润"是依靠争分夺秒的努力拼搏出来的。所以，如果一个人想有所成就，需要自身的不断努力。

在孩子的学习过程中，他们自身在学校老师和家长的共同教导下必然明白学习需要勤奋努力，但这并不代表家长可以无所为。想要长久地做一件事情，耐心是必不可少的。那么如何培养孩子的耐心呢？很多家长总是抱怨自己孩子没有耐性，做什么事情都会虎头蛇尾，他们希望孩子做事可以有始有终。当然，这需要家长的参与和帮助。家长应当成为孩子的榜样。俗话说"孩子是家长的一面镜子"，孩子之所以做事情总是有始无终是因为家长在生活中就是这样表现的，所以才使他们养成了半途而废的习惯。在生活中，如果孩子这件事情还没做完就想开始下一件，家长应督促他们对之前的事有个了结。另外，家长也可以设置一定的障碍来磨炼孩子的耐心。在他们顺利完成一件事后，家长要给予鼓励和表扬，相信之后孩子的表现会越来越好，学习更是如此。

在孩子有耐心之后，勤奋学习就变得容易多了。家长在要求孩子勤学的基础上还要重视勤思考。在学习中，如果只是强调努力，其往往被认为是"死学"，根本没有什么效率，学习效果也不好，只有勤于思考才能找准勤奋的方向，掌握正确的学习方法，再加上勤奋努力，成绩一定会特别优秀。

除此之外，家长应逐渐培养孩子的责任感。很多人往往今天应该完成的事情推到明天，明天拖到后天。孩子在做作业的时候经常这样。家长应让孩子明白什么时候干什么事，今天应做完的事情绝对不能拖到明天，做事情必须有目标。

七、好奇引发思考，思考带来进步

众所周知，好问是孩子的天性，他们的好奇心特别重，这对于学习来说是一件好事。在他们眼中，凡是自己不会的问题，都可以请教家长。对于孩子提出的任何问题，家长都应当重视，即使是那些无法回答的问题，家长也需要认真对待，给孩子一个合理的答案。古今中外的许多名人都是在好奇好问的过程中成才的，如爱迪生。在爱迪生的一生中，"为什么"是他考虑最多的问题，虽然没有把所有的问题都解决掉，但是却收获了很多知识。

有一天，爱迪生在路上碰见了自己多日不见的好朋友，发现他手指的一个关节是肿的，于是关心地问："你的手指头怎么肿成这个样子了？"

朋友只能苦笑道："我也不知道是什么原因。"

"那你没去看医生吗？"

"看了。"

"医生怎么说？"

"大部分医生都觉得是痛风症造成的。"

"痛风症？什么是痛风症？"

"他们说是尿酸淤积在骨节中造成的。"

"那么为什么不把尿酸从骨节中取出来呢？"

"他们不知道怎么弄。"

"为什么不知道怎么弄？"爱迪生非常生气地问道。

"因为尿酸是无法溶解的。"

"我不相信。"

在与朋友分开之后，爱迪生就匆匆跑到实验室做实验，看看尿酸是不是真的不能溶解。没想到，他成功了。这标志着他有了一项新的发明，而且这项发明为人类带来福音，可以帮助人们治好头痛病。

也正是在这种强烈好奇心的驱使下，爱迪生才成为令世界瞩目的发明大王。可见，激发孩子的好奇心是非常有益的。然而，很多孩子从来不敢问为什么，因为害怕别人笑话他。的确，当孩子问问题的时候，很多家长都是采取不理睬的态度，甚至还告诉他们"小孩子不需要懂太多"，这样就将孩子的好奇心完全扼杀了。他们只会学习书本上的知识，书上说什么就是什么，不会主动思考，更不会主动找到解决问题的办法。这种情况给孩子的前途发展蒙上了一层纱布，不仅孩子不了解自己的兴趣点，父母更看不清楚。那么，家长如何做可以激发孩子的好奇心和进取心呢？最主要的是需要家长保持一颗童心，对孩子进行换位思考，即使是孩子问一些在家长看来特别简单的问题，大人们也要给出解释，而且还要抓住机会肯定和表扬孩子这种爱动脑的习惯。在孩子问一些家长也不明白甚至没有固定答案的问题时，需要正确处理，千万不能打击孩子的积极性。其中，最正确的回答是："你提的问题特别好，但是对这个问题我也不是特别懂，等我查完相关资料再回答你的问题，可以吗？"如果有些问题实在无法回答，家长可以说："你的这个问题我记住了，等你长大了就告诉你。"相信在孩子成长的过程中，他们会渐渐知道自己问题的答案。

另外，如果孩子是出于探索的目的而损坏了家里的东西，家长也不要过于责备，而是在肯定其好奇心的基础上说明道理。相信在家长的鼓励和支持下，孩子的视野能够得到开阔，知识面也会有很大的扩展，前途发展一片光明。

八、寻找让孩子喜欢学习的吸铁石

在现在社会中,"兴趣是最好的老师"已经达成共识。很多家长总是抱怨孩子没有任何兴趣爱好,不愿意看书,也不愿意学特长,整天没有目标地闲逛,没有进取心。的确,有些人从出生开始就对某个事物感兴趣,而且会一直坚持下来,最后终有所成,而有些人在别人眼中天生就是没有兴趣点,碌碌无为。其实,这种思维方式有点偏唯心主义。殊不知,兴趣是可以培养的,特别是在日常生活中,家长可以通过观察将孩子的潜能挖掘出来,为其创造条件,逐渐培养孩子的兴趣,激发孩子不断学习。

家庭是孩子接触到的第一个环境,对孩子的成长、行为塑造、品格形成和习惯养成都有重要的影响。孩子在真正成熟之前有很强的模仿性,而模仿的主要对象就是自己的父母,所以这需要家长做出榜样。

如果父母是爱看书看报之人,而且还不时进行讨论,时间一长,孩子就会不由自主地对书本产生浓厚的兴趣,较强的求知欲望会促使他们主动学习。

另外,家长也可以通过游戏来培养孩子的学习兴趣。爱玩是所有孩子的天性,只要家长能够做出正确的引导,玩也可以变成引导孩子爱上学习的途径和方法。

王文斌是一个四年级的小男孩儿,他从小就特别痴迷于玩木偶游戏,每天放学回家之后从来不急着写作业,而是先跑到房间中与他的小木偶玩会儿游戏。当然,他的这种对木偶的痴迷已经严重影响到了他的正常学习和生活。

妈妈明白如果强加干涉,一定会引来儿子的强烈抗议,所以决定采取"非常之道"。在孩子每次玩木偶的时候,她就积极参与进来,而且还为每个木偶分配一个寓言故事里面的角色，通过绘声绘色的表演让儿子了解到很多寓言故事和神话传说，王文斌听得津津有味。

他特别好奇地问妈妈："这些故事是从哪里来的？"妈妈告诉他："就是你课本中的啊，有些是课外书上的。"在妈妈的指引下，他对戏剧和文学产生了浓厚的兴趣。

的确，王文斌的妈妈在这件事情上是成功的。她敢于正视儿子痴迷于游戏的事实，根据具体情况，以游戏为基础激发和培养孩子新的兴趣点，转害为利。

当然，在生活中家长可以通过多种方式来培养孩子学习的兴趣。但是，任何时候，家长的鼓励和赞扬都是不可缺少的。一定程度上说，鼓励是父母给孩子成长的最好礼物。它可以促使孩子慢慢接近自己的梦想，逐渐走向成功。

人教版小学六年级上册第11课《唯一的听众》课后复习检测中的第2课时中提到了"心灵有耳"：

一个小女孩因为长得又矮又瘦而被老师排除在合唱团之外，而且，谁叫她永远穿着一件又灰又旧又不合身的衣服哩！

小女孩躲在公园里伤心地流着泪。她想：我为什么不能去唱歌呢？难道我真的唱得很难听吗？

想着想着，小女孩就低声唱起来了，她唱了一支又一支，直到唱累了为止。

"唱得真好！"这时传来说话的声音，"谢谢你，小姑娘，你让我度过了一个愉快的下午。"

小姑娘惊呆了！

说话的是一个满头白发的老人。他说完后站起来独自走了。

小女孩第二天再去时，那老人还坐在原来的位置上，满脸慈祥地看着她微笑。

小女孩于是又唱起来，老人聚精会神地听着，一副陶醉其中的表情，最后他大声喝彩，说："谢谢你，小姑娘，你唱得太棒了！"说完，他仍自顾自走了。

这样过去了7天。

许多年后，小女孩成了大女孩，成了大女孩的她美丽窈窕，而且是小城里有名的歌星。但她忘不了公园座椅上那个慈祥的老人。一个冬日的下午，她特意去公园找老人。但她失望了，那儿只有一张小小的孤单的靠椅。后来才知道，老人早就死了。

"他是个聋子，都聋了20年哩！"一个知情人告诉她。

那个天天屏声静气聚精会神听一个小女孩唱歌并热情赞美她的老人，竟然是个聋子！

小姑娘惊呆了！

正是在这位老人的鼓励和赞扬下，小姑娘才选择继续唱歌，坚持自己的梦想并最终取得了一定的成就。这对家长们也是很有启示意义的。因此，家长可以激发孩子的兴趣，但兴趣的维持也同时需要家长的支持和保护。

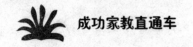

九、不要让爱成为孩子的负担

2011年3月20日，中央电视台一套综合频道《今日说法》节目播出《被推下楼的母爱》这期栏目之后震惊了全国，使人不得不重新反思家庭教育背后的意义。

《被推下楼的母爱》讲述了一个年仅15岁的安徽省泗水县一中高一的学生崔元因为沉溺于网络游戏不服母亲的管教，用电源线把亲生母亲勒死，然后从3楼窗户把母亲尸体扔下去。

崔元从小到大都是一个品学兼优的孩子。在初三那年，父母得知儿子有严重的网瘾，应学校的建议由母亲陪读，果然效果不错。孩子没有机会去上网，在初中升高中的考试中取得了优异成绩，顺利考入泗水县重点中学。所以，崔元父母都认为这种教育方法是正确的。结果好景不长，在上高一之后，崔元又开始泡网吧，学校责令其退学，在回家待了一个星期之后，崔元与父母达成协议，自己好好学习，不再上网，由母亲继续陪读，二人租住在离学校较近的小区中。也就是在案发的前一个星期，母子二人刚回到县城中。但是，崔元并没有遵守诺言，他继续找机会逃课上网，就在案发当天晚上，崔元母亲在网吧中找到了正上网玩游戏的儿子，用木棍打他，把他拖回家中后二人发生争执。冲动之下，崔元顺势拿起手边的电源线缠到母亲的脖子上，随后拿着母亲身上的20元钱和床底下的2700多元钱离家到网吧去了。当时他并没有意识到母亲已经死亡，当第二天回家之后发现母亲已经死了。

就是这样一位整天为儿子奔波、操心，极度把自己的爱奉献给孩子的母亲被儿子杀死了，不禁让人反思。

崔元家是农村的，在采访中，记者得知，由于夫妻二人文化水平低，从孩子懂事开始，母亲对孩子的要求就异于常人，总是争强好胜，什么样的事情都要走在别人前头，希望将来儿子能够出人头地，上大学，找到好工作。她什么事情都不让孩子做，所有事情都帮他做好。在邻居的眼中，这位母亲特别疼孩子，从小到大没让孩子做过饭，而且还给他买牛肉吃，炒多了自己一筷子也不动。虽然别人家富裕，住着漂亮的大房子，但是她认为只要自己孩子优秀比什么都强。也就是在这种对孩子的过度关爱中，她除了谈儿子的学习成绩，其余什么都不谈。那在母亲如此贴心照顾下的崔元在学校表现如何呢？同学反映说他性格内向，很少说话，跟别人玩不到一块儿去。

当然，崔元母亲的做法能为广大的父母所理解，为了孩子可谓是什么都愿意做，不惜租房、陪读。但是鉴于自己文化水平的限制和对孩子表达爱的方式的局限，她只能到教室走廊上盯着孩子，接送孩子上下学。看似正常的家庭关爱却给崔元带来了精神上的负担，他没有朋友，内心的压抑只能到虚拟的网络上发泄。这就是父母与孩子之间情感教育缺失所带来的恶果。

在得知孙子犯下的罪行之后，72岁的奶奶只是担心孩子太小，害怕在里面受罪，却没有任何的责备。难道这就是真正的爱吗？

事实证明，在孩子成长过程中，并不是只有亲人的爱就足够了，孩子需要经历必要困苦的磨炼方能体会家人的辛劳，才懂得感恩和回报父母是自己应当做的。

当然，崔元母亲的严厉和爱可以说是自身愿望对孩子的诉求。因为自己文化水平低，只能成为下地干活的农民，其生活的艰辛她比谁都懂，所以她期望自己的儿子可以走出农村，在大城市中工作。纵然家长的这种愿望带有普遍性，但一旦给孩子造成负担就会导致事情朝相反的方向发展。所以，家长对孩子表达爱需要技巧，而沟通是最不可或缺的。

中国政法大学马皑教授谈到网瘾时说："它是一种行为活动的依赖，这种依赖往往是由于在正常的非网络的环境当中，他得不到的东西可能在网络中可以得到。第一个就是家长和老师应该采取一种平等的方式，让孩子能够向他们倾诉他到底希望他们用什么方法来管理。第二个就是要给孩子建立起一个社会支持系统，你不能把他封闭起来，该玩的时候不让他玩，他有几个好朋友哪怕是女同学也要让他们正常的交往。第三个是在我们的任何一个学校，千万不要形成对某一个孩子眼光上、语言上、行为上的排斥，不能把他归到另一类上去，只要把他归到另类，他一定要找一个适合自己宣泄的地方，适合自己找到自信的地方。所以戒除网瘾和防治网瘾是需要大家共同介入的一项系统工程。"

　　可见，家长的爱一定要用对地方，否则这将变成孩子的负担，甚至成为摧毁孩子的助推器。

十、李开复：一位受人尊重的家长

李开复是中国创新工场董事长兼首席执行官。他不仅是一位生意人，更是一位慈爱的父亲。他有两个女儿，大女儿名叫李德宁，小女儿是李德亭。李德宁性格安静内向，擅长文学诗歌；李德亭性格外向，擅长创作。

对于女儿，他没有什么特别的要求，不需要有多乖、多听话，只需要有积极的态度就可以。只要能积极，就能理智、自信和快乐，进而设计好自己的未来。而那些消极被动、只是听话、害怕失败的孩子在进入社会之后往往找不到方向，总是被动地接受别人的建议，从来不会主动思考，更不可能成为人生的主人。

很多中国家长总是把听话当作孩子的一个优点，但是李开复从来不这样认为，他不希望自己的孩子只是听话的孩子，他更希望她们是讲理的孩子。

作为名人的同时，李开复也是一位普通的父亲。他用自己的方式方法教育着两个女儿。他相信孩子是需要管教的，也需要制定规矩。他对规矩的定律有四个：第一，定好规矩，但是首先把规矩的道理讲清楚，不能盲目地服从；第二，在规矩内孩子有完全的自由；第三，违背了规矩孩子将受到讲好的惩罚；第四，规矩越少越好，才能起到启发作用。所以，在设定规矩之前一定要讲好原因，而且也要提前设定惩罚方法，只有这样才能提高孩子的自律性，把规矩记在心里，这是最好的。虽然这是一种好的教育孩子方式，但是李开复还是认为尽量不要为孩子提供犯错误的机会。例如，李开复明确要求女儿不能在网络上与陌生人聊天，同时也提供了女儿不犯错误的环境，他们把电脑放在家中，位置就在厨房、餐厅和客厅中间，每天都会有人在这三个地方走来走去，这不是为了监视，也不会走到跟前，但她知道父母在旁边。

除了立规矩，李开复还强调家长与孩子之间相互体谅的问题。当女儿发脾气的时候，李开复夫妻二人从来不会采取以暴制暴的方式来解决。此时要做的就是叫停，等双方都冷静下来之后再进行交流。他害怕如果打骂女儿，虽然身体的疼痛很快就能愈合，但是留在心中的伤是难以抚平的，严重影响亲子关系。所以一定避免发怒处罚孩子。

李开复除了是两个女儿的父亲之外，更多时间是她们的朋友。在他看来，父母的工作就是要理解和帮助孩子，做他们的朋友，如果把对孩子的管教看作是父母的主要职责，那就本末倒置了，容易出问题。例如，大女儿李德宁喜欢写小说和诗歌，李开复就会帮她修改、出版，甚至还会开玩笑说："这是不是写你自己的事情？"而小女儿比较活泼，喜欢摄影、写自传，在她还不会打字的时候，李开复就会替她打。

对于女儿的兴趣爱好，李开复也试着尝试。她们喜欢逛街，李开复也会慢慢培养逛街的习惯；女儿喜欢台湾年轻的歌手，他也跟着听；女儿喜欢打游戏，他也抽出时间去了解。所以，李开复的用心换来女儿与他无话不谈的结果。在这样有利的条件下，教育孩子已经不是一件困难的事情，从某种程度来说，它变成了享受。

第七章
可行的教育思想和方法

一、孔子的教育思想：文、行、忠、信

二、蔡元培的教育思想：五育并举

三、陶行知的教育思想：生活教育

四、陈鹤琴的教育思想：活教育

五、洛克的教育思想：培养儿童的好奇心

六、卢梭的教育思想：顺应"自然"

七、马卡连柯的教育思想：集体教育

八、蒙台梭利的教育思想：自由教育

九、苏霍姆林斯基的教育思想：全面发展

十、尼尔的教育思想：情感教育

十一、罗杰斯的教育思想：培养创造性

十二、杜威的教育思想：从做中学

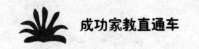

一、孔子的教育思想：文、行、忠、信

孔子（前 551—前 479）名丘，字仲尼，是春秋时期鲁国人，春秋时期的思想家、教育家和政治家，同时也是儒家思想的创始人。综观孔子的思想体系，其庞杂程度可想而知，不仅包括政治思想、经济思想，还包括教育思想和美学思想。

孔子的教育思想包括很多方面，如教育对象中的"有教无类"、教育功能、教育目标、教育内容、教学原则等。其中，关于教育内容，孔子在《论语·述而》中提到"子以四教：文、行、忠、信"。这体现了孔子教育的四方面：文化教育、言行教育、忠诚教育和诚信教育。

关于"文"，孔子认为"敏而好学、不耻下问，谓之'文'也"。他鼓励学生以追求知识为理想，以获取知识为快乐。在学习过程中，珍惜时间，提高学习效率，专心听讲，积极思考，只有这样，才能感受收获的喜悦。

子张问"行"，子曰："言忠信，行笃敬，虽蛮貊之邦，行矣。言不忠信，行不笃敬，虽州里，行乎哉？立则见其参于前也，在舆则见其倚于衡也，夫然后行。"其基本意思是要求学生根据自身的条件确定奋斗目标，然后立即采取行动。在行动过程中，一定要坚持不懈，善始善终。

关于"忠"，当然就是忠诚之意。作为学生，应当忠诚待人，不仅要忠实于自己的内心，还应当忠于自己的职责。

而"信"就是要胸怀坦荡，做到言行一致。在答应别人的事情之后，一定要尽心做到；为人处世一定要诚实，不能弄虚作假，更不可糊弄别人。

可见，孔子的"文、行、忠、信"教育思想不仅涉及了学习知识方面，更重要的是要养成良好的行为品质。

　　家长在对子女进行教育的时候，一定要全面，千万不能只顾及一个方面，而忽略了另一方面。把孩子培养成一个真正对社会有用的人。

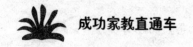

二、蔡元培的教育思想：五育并举

蔡元培（1868—1940）是中国近代史上的思想家和教育家。他于1916年担任北京大学校长并对其进行了全面改革。在结合中国教育和西方教育的基础上，蔡元培提出追求"完美人格"、提倡"五育并举"。他被毛泽东同志称为"学界泰斗，人世楷模"。

在辛亥革命胜利之后，中国教育发展正处于发展的紧要关头，不仅没有明确的指导思想，而且缺乏新的教育宗旨。蔡元培明白教育是关系国家根本的重要问题，于是提出"民国教育应以养成共和健全之人格为根本方针"。在1912年2月发表的《对教育方针之意见》一文中，蔡元培对"完美人格"做了充分阐释，即军国民主义教育、实利主义教育、公民道德教育、世界观教育及美感教育五个方面，提出五育并重、和谐发展的教育方针，这对中国近现代教育产生了深刻的影响。

蔡元培把教育分为涉及政治和不涉及政治两个方面。其中涉及政治的是军国民主义教育、实利主义教育和公民道德教育，而超越政治层面的是世界观教育和美感教育。

当然，他所提倡的军国民主义教育是中国当时社会的产物。在内忧外患的情况下，只有强大自身的力量，才能对外实行自卫，对内反对军人的强权统治，维持国内的稳定状态。在现有条件下，它从某个方面可以被理解为体育。体育应当顺应人体生长规律，尽量开展多种运动项目，这不仅能够使人心理保持健康，更重要的是可以促进人的身体健康，从而培养人的道德水平、智力水平和审美水平。

实利主义教育被蔡元培认为是富国强兵的手段。一个国家想要在世界上立足所依靠的不仅仅是军事，更重要的是经济实力。所以，只有不断提高生产力，发展国民经济，国家的生存和发展才会有希望。在现在社会中，其可以被理解为智育。让儿童通过学习科学文化知识，不断武装自己的头脑，促进智力的发展。

公民道德教育也就是德育。蔡元培说："何谓公民道德？曰法兰西之革命也，所标榜者，曰自由、平等、博爱。道德之要旨，尽于是矣。"虽然他崇尚西方资产阶级道德观念，但是并没有对中国的传统美德进行否认。他认为"威武不能屈，富贵不能淫，贫贱不能移，是谓义；己所不欲勿施于人，是谓恕；己欲立而立人，己欲达而达人，是谓仁"。可见，蔡元培所主张的德育内容已经较为全面地表达出来了。

所谓世界观教育就是指认识和把握世界的哲学教育。由于蔡元培深受康德哲学的影响，所以把世界分为了现象世界和实体世界两部分。他主张人应当对现象世界采取超然的态度，而对实体世界抱有积极进取的态度，"至提出世界观教育，就是哲学的课程，意在兼采周秦诸子、印度哲学及欧洲哲学以打破二千年墨守孔学的旧习"。反对以孔学旧习来认识和了解世界。

美感教育即美育。蔡元培所关注的美育并不仅仅局限在音乐、美术、文学等，而是有更广泛的范围，指的是普遍存在的美。这种美超越时间和空间，并且处于不断发展中。

可见，蔡元培的"五育并举"思想是在具体条件下所提出的，虽然带有一定的时代色彩，但是对整个中国教育现状是有很大借鉴意义的。

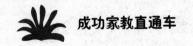

三、陶行知的教育思想：生活教育

陶行知（1891—1946）是中国现代教育史上著名的人民教育家，同时又是坚定的民主战士和大众诗人。他毕生致力于人民教育事业和民族民主革命运动。毛泽东赞扬他是"伟大的人民教育家"，周恩来评价他是"一个无保留追随党的党外布尔什维克"，宋庆龄赞颂他为"万世师表"。他的主要著作有《中国教育改造》、《中国大众教育问题》、《斋夫自由谈》等。

在杜威实用主义的影响下，陶行知提出了"生活教育"，它是陶行知教育理论的核心，其中包括"生活即教育"、"社会即学校"、"教学做合一"的教育原则。何谓"生活即教育"？陶行知指出："生活教育是生活所原有，生活所自营，生活所必需的教育。教育的根本意义是生活之变化。生活无时不变，即生活无时不含有教育的意义。"因为生活教育是人类原本就有的，所以生活就是教育，"过什么生活便是受什么教育；过好的生活，便是受好的教育，过坏的生活，便是受坏的教育"。另外，他还强调了生活教育的终身性，"生活教育与生俱来，与生同去。出世便是破蒙；进棺材才算毕业"，这与"活到老学到老"有相通之意。

"社会即学校"是陶行知"生活教育"理论的重要部分。在陶行知看来，自从人类诞生的那时起，社会就是平等教育所有普通大众的一所学校。他反对"学校即社会"的狭隘教育，指出"我们主张'社会即学校'，是因为在'学校即社会'的主张下，学校里的东西太少，不如反过来主张'社会即学校'，教育的材料，教育的方法，教育的工具，教育的环境，都可以大大的增加，学生、先生可以多起来"。可见，生活教育是普及大众教育的重要途径。

陶行知生活教育的方法论是"教学做合一"。陶行知认为"教学做合一"有三个组成部分：一是怎么样做便怎样学，怎样学便怎样教；二是教法、学法和做法应当合一；三是教学不只教人学，更为重要的是教人做事。陶行知一再强调"做学教"是不可分的，而不是相互独立的三件事情，因此，他说："教的方法根据学的方法；学的方法根据做的方法。事怎样做便怎样学，怎样学便怎样教，教与学都以做为中心，在做上教的是先生，在做上学的是学生。"这充分阐释了陶行知生活教育的深刻内涵，将书本知识与社会实践相结合，让儿童在社会实践中完善对书本知识的认识和理解。

　　作为家长，在对自己的孩子进行家庭教育的时候不妨采用以生活教育思想为指导，在日常生活中引导孩子从生活中学习必要的知识，然后再使其在社会实践中加以运用，做到"活学活用"，不断增长才干。

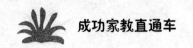

四、陈鹤琴的教育思想：活教育

陈鹤琴（1892—1982）是中国著名的儿童教育家、儿童心理学家。他的主要著作有《儿童心理之研究》、《家庭教育》、《活教育的教学原则》等。

在批判中国近代传统教育弊端的基础上，陈鹤琴提出了"活教育"的教育思想，它积极探索适合我国儿童身心健康发展的教育之路。在他的这套"活教育"理论中包括目的论、方法论和课程论。

在目的论方面，陈鹤琴指出儿童教育的目的就是做人，做中国人，做现代中国人。而作为现代中国人应当具备五个基本条件，第一是身体健康，只有拥有了健康的体魄才会有幸福的生活和成功的事业。第二是具有建设能力，这种建设能力可以使人们更好地建设祖国，适应国家发展的需要。第三是具备创新精神，教育应当激发出儿童本身所具有的那种潜在的创造精神，培养他们的创新能力。第四是要有服务意识，无论是老师还是家长，要培养儿童与人合作、助人为乐的高尚品质，使其不仅成为有文化、有技术的新人，更重要的是要有为国家服务的意识和决心。第五是作为一个中国人要有世界的眼光，中国儿童不仅需要了解基本国情，还要放眼世界，做一个胸襟开阔的新人。

从方法论方面来说，陈鹤琴主张"做中学、做中教、做中求进步"。他吸取了美国教育家杜威的思想，学的基础是做，所以"做"是活教育方法论的出发点，也是教学方法的基本原则。他强调所有的学习都要依靠做，基于"做"的教育原则，他把活教育的思想贯穿到了教学过程中，而且还提出了相应的步骤。首先是实验和观察，这是最重要的一个步骤，实验观察是儿童获得知识的最基本方法，但是不能忽视间接经验的作用；其次是阅读和思考；再次是发表和创作；最后是批评与研讨。

在课程论方面，陈鹤琴反对只依赖课本的传统式教育，提出了"大自然、大社会都是活教材"的活教育课程论。他认为传统的只学课本的教育已经不适合中国的发展，而应当实施活教育，让儿童到自然和社会等活教材中学习。能够具体体现陈鹤琴"活教育"课程论思想的就是他提出的"五指活动"，即"健康活动（包括卫生、体育、营养等）、社会活动（包括史地、公民、时事等）、科学活动（包括生、数、理、化、地等）、艺术活动（包括音、美、工等）和文学活动（包括读、写、说、译等）"。

除此之外，陈鹤琴教育思想中的一个重要组成部分就是家庭教育理论。他说："小孩子生来是无知无识的，不知什么是好，什么是坏。他的一举一动可说一方面受遗传的影响，一方面受环境的约束，受教育的支配。小的时候，环境中最重要的因素是父母，教养中最重要的因素，恐怕也是父母。"因此，陈鹤琴指出小孩子的"知识之丰富，思想之发展与否，良好习惯之养成与否，家庭教育实应负完全的责任"。陈鹤琴认为想要教育好子女，家长应当有专门的技能或者知识。因此，他提出："要重视幼儿家庭教育的科学实验，对幼儿的家庭教育应作为一门科学来研究和推广，普及儿童心理学和学前教育学的知识，使广大家长都能对自己的子女有个正确的培养目标和教育方法。"另外，他反对家长对子女的娇生惯养，同时也批评专制式的严厉管教。要求家长要以身作则，尊重孩子的人格，让孩子在最好的家庭环境中健康成长。

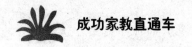

五、洛克的教育思想：培养儿童的好奇心

约翰·洛克（1632—1704）是 17 世纪英国伟大的启蒙思想家、资产阶级唯物主义的思想家、教育家和绅士教育的倡导者，主要的教育著作是《教育漫话》。

《教育漫话》的主题是论述"绅士教育"。所谓绅士教育是指对英国刚夺权的英国资产阶级和新贵族子女的教育。洛克认为，英国社会需要的是既有贵族风度，能活跃在上流社会和政治舞台，又有才干并善于处理自己事业的绅士，所以，教育的目标应该是培养绅士。当然，关于儿童教育，这本书最大的贡献是在西方教育史上第一次将教育分为体育、德育、智育三部分，并作了详细论述。

除此之外，洛克还对儿童教育提出了许多精辟的见解，主要包括重视健康教育、重视良好习惯的养成、重视亲子教育、重视培养兴趣和好奇心等。

身体健康对一个人的重要性不言而喻。只有健康的体魄才能保证幸福的生活。在很多家庭中，家长只是注重孩子的学习成绩，而忽视了孩子锻炼身体，使其无法做到全面发展。另外，家长应当注意培养孩子的良好习惯。洛克认为，由于儿童的心智尚不成熟，所以无法用规则教好。这就需要家长在日常生活中为孩子创造一切可能的机会进行练习，反复做同一件事情会使其在儿童身上固定下来，最终养成一种习惯。关于亲子教育，洛克谈到了在父母管教孩子的过程中必须杜绝使用过分严厉的惩罚，更反对暴力。他在《教育漫话》中说："人类的天性倾向于迷恋肉体的与现实的快乐，而力图避免一切痛苦，但体罚的方法不仅不能控制这种倾向，反而会鼓励它在我们身上增强这种倾向，那是产生一切罪行和罪恶的根源。"所以，洛克提倡亲子教育，提倡父母对孩子进行人文化的管教，经常与孩子进行沟通，征求孩子的意见，让孩子发表自己对事情的看法。之所以强调父母要重视对孩子进行兴趣和好奇心的培养是因为它与儿童的创造力密切相关。

兴趣和爱好是人对某种事物具有的一种积极的倾向，在培养创造性人才的过程中起着非常重要的作用。因此，家长应当通过观察来了解孩子的兴趣点，并且积极地加以引导，这可以培养他们的观察力、思维力、注意力和想象力。另外，家长也可以通过与孩子游戏来促进他们心理的健康发展，在游戏过程中，儿童可以了解很多知识，从而进一步了解世界。所以，洛克提醒各位家长，儿童应学习的东西，不要变成他们的负担，要让他们感到学习的东西是非常有趣的，而不是为了完成任务而学习。

关于好奇心，洛克在《教育漫话》中指出："儿童的好奇心是一种追求知识的欲望，所以应该加以鼓励，这不但因为它是一种好现象，而且因为这是自然给他们预备的一个好工具。"好奇心是孩子的天性，这体现了他们获取知识的欲望。因此，家长应鼓励并引导孩子有好奇心。首先，对于儿童提出的任何问题，家长都不能嘲笑或者是批评，而应当根据他们生理和心理的发展程度来做出适当的解释，而且要尽可能解释清楚。此时，孩子们就会觉得不仅自己的疑难问题得到了解答，而且还获得了很多知识。所以，会有一种自我满足感。同时，他们的思考能力也得到了培养。在之后，他们还可能继续追问，形成对某件事情较为全面、充分的认识。

无论如何，作为家长应当在实际行动中对孩子进行良好的教育，相信"即使是最普通的孩子，只要教育得法，也会成为不平凡的人"。

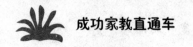

六、卢梭的教育思想：顺应"自然"

让·雅克·卢梭（1712—1778）是法国伟大的启蒙思想家，也是世界近代教育史上具有重要影响的教育家。主要著作有《论人类不平等的起源和基础》、《社会契约论》、《爱弥尔》、《忏悔录》等。在对封建教育制度进行批判的基础上，卢梭提出了自然教育思想。

卢梭认为自然教育的核心是教育必须遵循自然，顺应人的自由本性。他在《爱弥尔》的开卷写道："出自造物主的东西都是好的，而一到了人的手里，就全变坏了。""如果你想永远按照正确的方向前进，你就要始终遵循大自然的指引。"

在卢梭看来，人所受的教育来源有三种，即自然、人和事物。他说："我们的才能和器官的内在发展，是自然的教育；别人教我们如何利用这种发展，是人的教育；我们对影响我们的事物获得良好的经验，是事物的教育。"这三方面的教育并不是相互孤立的，而是相互联系的。如果这三种教育在一个人身上相互冲突，则其所受到的教育并不好，而如果这三方面较为一致，有相同的目的，则决定了其能受到良好的教育。另外，针对这三种教育，卢梭还说："在这三种不同的教育中，自然的教育完全是不能由我们决定的；事物的教育中人在有些方面能够由我们决定；只有人的教育才是我们能够真正地加以控制的。"所以，儿童教育应当以自然教育为核心，人的教育和事物的教育要服从于自然的教育，只有这三方面教育相互配合并以自然教育为目标，儿童才能受到良好的教育。

卢梭的"自然"是指人的才能和器官，也就是人的天性。所以，儿童的"自然教育"就要顺应儿童天性、实现儿童身心自然发展。关于这一点，卢梭强调说："大自然希望在儿童成人以前就要像儿童的样子。"所以，如果让成人干涉儿童的成长过程、干涉儿童的权利，只会破坏儿童生长的自然法则，从根本上毁灭儿童的天性释放。

因此，卢梭坚持对儿童进行自然教育，而在自然教育思想指导下所教育出来的是"自然人"。所谓"自然人"就是指那些完全自由生长、身心调和发达、能自食其力，不受传统约束、能适应社会生活的一代新人。

从教育要"顺应自然"的原则和教育要培养"自然人"的目的出发，卢梭指出，在不同的年龄阶段应进行不同的教育。在婴儿时期，主要进行体育；在儿童时期，主要进行感觉教育；在少年时期，主要进行智育和劳动教育；在青年时期，主要进行道德教育。因为在少年时期，儿童已经受到了良好的体育和感觉教育，所以具备了进行智育和劳动教育的条件。其实，智育的任务并不是传授系统的科学知识，而是发展儿童获得知识的能力，激发他们对所学知识的兴趣和热情。他说："真正有益于我们幸福的知识，为数是很少的，但是只有这样的知识才值得一个聪明的人去寻求，从而也才值得一个孩子去寻求，因为我们的目的就是要把他培养成那样的聪明人。总之，问题不在于他学到的是什么样的知识，而在于他所学的知识要有用处。"同时，关于智育的方法，卢梭主张儿童通过实地观察，从大自然中获得知识。除此之外，卢梭还强调劳动教育的重要性。他认为，劳动教育可以使儿童通过劳动学会适应各种工具以及相关技术，锻炼身体，发展人的心灵。

卢梭重视父母在儿童教育中的重要作用。卢梭认为，儿童身心健康发展离不开父母的关心，如果缺少了父母的爱，会导致他们具有某种人格缺陷。因此，父母在遵从孩子天性发展的同时，也要扮演好自己的角色。虽然从某个方面来说，卢梭的"顺应自然"教育思想存在很大的局限性，但是他所提出的培养"自然人"的目标是值得我们遵循和重视的。

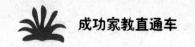

七、马卡连柯的教育思想：集体教育

马卡连柯（1888—1939）是前苏联教育家，他提出了在集体中进行教育的原则和方法。

关于集体教育，他提出了尊重与要求相结合的原则、平行教育影响原则、前景教育原则等。所谓尊重与要求相结合的原则是指"要尽量多地要求一个人，也要尽可能地尊重一个人"。集体本身可以对每一个成员提出要求，而集体也应当尽可能地满足每个成员的合理需求。平行教育影响原则是指集体活动的开展不仅要使集体受到教育，还要让每个成员获得收益。前景教育原则与"未雨绸缪"、"防范于未然"有异曲同工之处，马卡连柯认为"教育应当激励学生努力学习和工作，防止享乐主义情绪的产生"。

关于集体的作风和纪律，马卡连柯也有自己的主张。集体的作风是指五常的共同态度，包括五个特点，即集体应当朝气蓬勃；集体成员之间应当团结和睦；集体成员应当具有坚定不移地主持正义的观念；集体成员要具有积极性；集体成员应当养成"抑制的习惯"。纪律则是指一个人可以愉快地去做自己不喜欢的事情。

除了以上提到的，马卡连柯也提到了教师集体和家庭中的集体教育。他认为好的教师集体可以培养出好的学生集体，当然，教师集体需要具备一定的素质，如教师集体应当是一个合理的组织；教师集体应当有明确的教育目标和坚定的政治信念；教师集体要团结，行动要一致；教师集体和学生集体要建立密切的联系。

关于家庭中的集体教育，马卡连柯也给出了自己的建议，他说："第一，要尽早地让儿童知道父亲和母亲在什么地方工作，做什么工作，这种工作是如何的困难，需要付出多大的努力，取得了什么成就；第二，要让儿童及早明白家庭预算，知道父亲和母亲的工资；第三，要使富裕家庭的孩子明白家庭富裕是不值得夸耀的，使经济困难家庭的孩子不羡慕其他家庭，并养成坚忍的精神。"另外，他还强调家庭对孩子各种品质养成的重要性。

其实，在现有条件下，人们越来越重视集体。集体是一种组织形式团体，拥有一定的活动范围，而且成员之间有着共同的利益。集体是与"个体"相对立的。从某个方面来说，世界是集体，国家是个体；国家是集体，家庭是个体；家庭是集体，成员是个体。成员与个体息息相关，如果没有了集体，个体不可能存在。

另外，在家庭教育中，家长应当有心培养孩子的集体意识。如果孩子脑中没有集体概念，无法适应集体生活，那么他们长大成人之后是无法立足于社会的。因此，从小培养孩子的集体意识是非常重要的，家长要教育他们爱的意义，帮助孩子养成无私奉献、乐于助人、在危急时刻做到顾全大局的良好品质，只有这样，他们才能成为受欢迎、惹人爱的人。

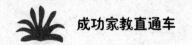

八、蒙台梭利的教育思想：自由教育

　　玛利亚·蒙台梭利（1870—1952）是意大利著名的幼儿教育学家，蒙台梭利教育法的创始人。她是"自由教育学派"的代表人物。

　　蒙台梭利认为干涉儿童自由行动的教育家和教育理念太多了，所有的东西都带有强制性，教育如同惩罚，为此提出了自由教育。她所主张的"自由"是指人从妨碍其身心和谐发展的障碍中解放出来的自由，而自由教育也成为她改革传统儿童教育的基石。在她看来，儿童在心理和精神方面存在着各种积极的内在力量，正因为如此，可以促进儿童心理的发展和对其进行教育。当然，其前提是服从儿童本性的自由发展。

　　蒙台梭利主张教育工作者应当允许儿童按照自身的发展规律和自己的意愿自由选择自己的活动，并且要努力为儿童的自由发展创造条件。她认为改革旧教育的根本就是"允许孩子们自由地自然地选择自己的活动，并且要努力为儿童的自由发展创造条件"。只有这样，儿童的潜力才能真正被挖掘出来。

　　蒙台梭利为什么如此重视自由教育呢？主要有两方面的原因：首先对于教育者来说，她认为教育者的责任就是认识儿童真实的心理状态并促进其发展，而儿童的真实只会在自由的环境中才能表现出来；其次是从受教育者的角度来说，儿童的内在心理是通过自由活动表现出来的，他们可以进行自由选择。可见，只有进行自由教育，教育的本质才会表露无遗。

　　然而，自由教育中的"自由"并不是随心所欲的自由，通过教育实践和研究，蒙台梭利制定了自由教育必须遵循的原则。首先是自由与纪律相统一。蒙台梭利所强调的自由与卢梭的"自治"有相通之处。她主张自由并不是让儿童放任自我，而是让儿童按照自我内心发展的需要自由发展。她从来不会离开纪律空谈自由，在她看来，儿童的精神本来就是趋向纪律和秩序的，只要给儿童彻底的自由，充分让其自由活动就会达到有规律的状态。其次是需要在自由活动中培养儿童的独立性。蒙台梭利曾说："必须这样指导儿童的自由表现，使得通过活动达到独立。"的确，任何教育形式都有相同的目的，那就是让孩子变得独立。当然，独立与自由也是相辅相成的。相对自由的人会更独立，而独立的人则更自由。再次是在自由练习的活动中发展儿童的意志。她认为意志会引导儿童不断前进，并且能够不断壮大自己的力量。在儿童进行自由选择的过程中，他的个性也变得越来越突出。最后是在自由中培养儿童的社会性，使其不断适应社会的发展。

当然，关于"自由"的争议非常多。什么才是儿童真正的自由？给予儿童自由并不是让他们脱离老师和家长，也不是给他们超脱自然法则、国家法律和社会法则的自由，而是在与为社会服务一致的前提下最大限度地自我发展与自我实现的自由。所以，在这种自由环境中，儿童的兴趣和理想都能够得到自然发展。

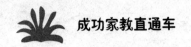

九、苏霍姆林斯基的教育思想：全面发展

　　瓦·阿·苏霍姆林斯基（1918—1970）是苏联著名的教育理论家和教育实践家。为了能够培养出适应社会需要的人，他根据马克思关于人的全面发展学说提出了"个性全面和谐发展"的教育思想。他认为："所谓和谐的教育，就是如何把人的活动的两种职能配合起来，使两者得到平衡：一种职能就是认识和理解客观世界，另一种就是人的自我表现，自我的内在本质的表现，自己的世界观、观点、信念、意志力、性格在积极的劳动中和创造中，以及在集体成员的相互关系中的表现和显示。正是在这一点上，即在人的表现上，应当加以深刻的思考，并且朝着这个方向改革教育工作。"与此同时，他认为："'全面'和'和谐'是个性发展的不可分割的两个方面。作为全面发展理想的个性应该是和谐的。没有和谐的教育就不能达到和谐的发展。"那么究竟什么样的人才是"和谐发展"的人呢？苏霍姆林斯基认为应该是："第一，是社会物质生产领域和精神生活领域的创造者；第二，是物质和精神财富的享用者；第三，是有道德和文化素养的人，是人类文化财富的鉴赏者和细心的保护者；第四，是积极的社会活动者、公民；第五，是树立于崇高道德基础之上的新家庭的建立者。"这是他对"个性全面和谐发展"的阐释，同时也体现了自己的教育理想和目标。

　　为了能够培养个性全面和谐发展的人，苏霍姆林斯基主张改善整个教育过程，实施和谐教育，实行五育并举。他认为个性全面和谐发展教育由体育、德育、智育、劳动教育和美育组成。第一是体育。苏霍姆林斯基十分重视身体健康在人发展过程中的重要作用，同时还特别强调学校的环境布置、教学设备和通风采光等都要从学生的健康方面来考虑。他坚信有规律的经常性锻炼不仅可以使身体变得健美、动作协调，还可以培养性格、锻炼意志。所以，他主张学校的体育设施必须一应俱全。第二是德育。苏霍姆林斯基指出，和谐全面发展的核心是高尚的道德，所以在五育中，德育是居于首位的。学校教育的任务不仅是传授知识和培养能力，而且要给每个人精神生活的幸福，在享受快乐的同时还要遵守神圣的行为准则。在他看来，德育应该从儿童有意识开始就进行，它可以使学生形成良好的行为习惯、有着高尚的道德情操、确定自己的道德信念。第三是智育。智育是苏霍姆林斯基个性全面和谐发展的重要内容。他认为智育包括获取知识、形成科学世界观，发展认识和创造能力，养成脑力劳动的技能，培养对脑力劳动的兴趣和要求，以及对不断充实科学知识和运用科学知识于实践的兴趣和要求。智育的主要目的是发展智力。第四是劳动教育。苏霍姆林斯基认为，劳动教育是对年轻一代参加社会生产的实际训练，同时也是德育、智育和美育的重要组成部分。劳动教育的目的就是让劳动渗入学生的精神生活中去。第五是美育。所谓美育就是教会孩子能够从周围世界的美中看到精神的高尚、善良、真挚，并以此为基础确立自身的美。苏霍姆林斯基特别重视校园环境在美育中的作用，他希望学生可以在学校中看到自然美，"使学校的墙壁也说话"是他的至理名言。

在家庭教育中，家长也要重视孩子个性的全面和谐发展。家长也尽可能为孩子提供五育并举的发展条件。例如，体育方面，家长可以与孩子一起锻炼身体；德育方面需要家长对孩子作出榜样；智育方面，全家人可以共同学习、不断创新……相信通过共同努力，孩子一定能够成为一个全面和谐发展的人才。

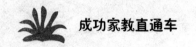
十、尼尔的教育思想：情感教育

亚历山大·萨瑟兰·尼尔（1883—1973）是英国著名的教育家和儿童心理学家。他是"自由教育学派"最激进的代表人物。他提出对儿童进行情感教育，而爱和自由是核心。

尼尔认为爱和自由是治愈问题儿童的良药。儿童之所以会产生各种各样的问题是因为他们缺乏爱和自由。正是基于这种教育理念，在1921年，尼尔创办了夏山学校。夏山学校实行的是民主的或者是自由的教育方式，因为使用因材施教的教学方法被称为"最富人性化的快乐学校"。当然，尼尔所强调的自由并不等于放纵，他认为真正的自由教育不仅能把对儿童的控制降到最低，而且还要为儿童的自由发展提供最积极的影响。例如，夏山学校中的校规都是由学校大会共同制定的。在大会上，不管是校长、教师还是学生，每个人只有一票的权利。如果违反了规定就要受到惩罚。至于惩罚的办法则交由学校大会讨论决定并监督执行。

他对成功的定义就是"一个人能够快乐地工作和积极地生活"。所以，在教育目的上，尼尔追求的就是让孩子成为他自己，而不是用世俗的标准来界定是否成功。为此，他曾经这样说："即便学校教出的是一个快乐的清洁工，也远比培养出一个精神不正常的学者要强得多。"

关于道德教育，尼尔反对传统的道德教育，提倡一种新的道德教育，也就是在自然的环境和气氛中进行的一种潜移默化的教育。很多教育专家和父母认为如果不对孩子灌输道德观念，或者是不告诉他们什么是对错，就会感觉自己没有尽到责任，而孩子也不能成为好人。其实，这种看似合理的说教模式在某种程度上却造成了儿童问题的产生。他们之所以采取这种方式来对孩子进行道德教育，是因为他们认为儿童性本恶。但是尼尔认为儿童天生是善良的，主张让他们自由发展。

另外，在知识教育方面，尼尔主张知识与情感的结合。对于以训练人"脑"为目的的理性教育，尼尔持反对和批判态度。他认为，传统理性教育的结果就是导致知识和情感的分离，培养的学生都非常幼稚，虽然满腹经纶，但是在对待人生的看法上却如婴儿一般。尼尔试图把割裂的知识和情感结合起来，不仅让学生了解，更重要的是让他们去感觉。

尼尔教育思想中，情感教育是最重要的。尼尔注重培养学生的情感和创造力。他认为儿童教育的核心是情感教育。他说："如果情感可以自由发展的话，头脑自然会自由发展的。"人不仅有理性，也是感性。只有理性与感性充分结合的人才能称得上是健全的人。理智与情感健全的人是以整个人格来面对生命的，情感生活有着重要意义。它可以让人充分感受生命的意义，感受生活的愉悦和幸福。

在家庭中，家长也要重视孩子的情感教育。家长不仅让孩子享受自由，还要给予他们充足的爱，使其成为一个高智商、高情商、有着健全人格的人。

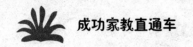

十一、罗杰斯的教育思想：培养创造性

卡尔·兰塞姆·罗杰斯（1902—1987）是美国心理学家，以探讨学习问题而著称，提出了人本主义心理学。其中"创造性教育"思想是罗杰斯一贯坚持的，它对教育创新有着深远的借鉴意义。

创造性属于一种复杂的心理现象。关于对创造性的理解和研究，不同的人有不同的倾向，有的人注重研究创造产品，有的人注重研究创造过程，有的人则注重研究创造性人格。而罗杰斯把重点放在了创造过程的研究上。关于创造性的定义，罗杰斯说："它浮现于形成一种新的关系的活动之中，一方面产生于创造的独特性，另一方面产生于材料、事件、人或者他的生活环境。"除此之外，罗杰斯还认为每个人都有创造性，即使没有通过外在事物表现出来，人人也都会有创造的潜能。另外，创造性没有高低贵贱之分，儿童的一项发明创造与爱因斯坦提出相对论有同样的价值和意义。

说到创造性的内部构成，罗杰斯认为有三种，即对经验的敞开、内部的自我评价、耍弄概念和原理的能力。他认为缺乏创造性的人不承认自己的经验，不敢对事物完全表达出自己的理解，而富有创造性的人会敞开自己的经验。经验比理智更值得信任，它会引导人们走向真理。同时，经验还能培养人的洞察力，而这种洞察力从某个方面来说就是求异思维能力，也就是创造力。除此之外，在罗杰斯看来，如果一个人以自我评价为主、他人评价为辅的时候，他的独立性、创造性和自主性就会得到很大的提升。在日常生活中，聪明的父母会明白如果想要让孩子成为一个独立自主的人，从小就应该给他机会，让他自己做出判断。同时还要让孩子自己评价这些判断的结果，进而得出结论。只有这样，才能使孩子富有创造性。关于耍弄概念和原理的能力，罗杰斯说这是一种与经验敞开相联系的能力。它是指"情不自禁地耍弄观念、色彩、形状、关系，即开玩笑地将若干原理进行异想天开的串联，借以形成假设，使肯定的事物变成可疑，在表达荒谬的想法时，使用某种形式把不可能相等的东西变成相等"。也就是把原本没有任何关系的东西结合在一起创造出新的事物。

在家庭教育中，家长应该努力培养孩子具有创造性的内部条件。按照罗杰斯的观点，父母可以从以下几个方面着手：

第一，重视人的情感因素。罗杰斯认为人的认知和情感是合二为一的，缺一不可。他说："倘若我们十分敏感，我们就能听到创造性的思想和观念，这些思想和观念常常在淋漓尽致地表现我们的感情之际出现，并且源于这种淋漓尽致的表现。我们绝大多数人由两个独立的部分组成，拼命地力图自行地实行一种综合体，在那里，心智和躯体之间的区别、感情和理智之间的区别将一笔勾销。"在现代家庭教育中，很多家长只重视孩子的智力发育，而忽视了情感的培养和表达，这必然不利于孩子创造性的开发。在家庭中，父母应当为孩子提供表达情绪和情感的良好氛围，重视情感教育。

第二，重视右脑开发。纵观教育发展史，人们似乎更重视大脑左半球的活动。罗杰斯认为，仅仅重视左脑开发是片面的，如果想让整个人都参与学习，就需要充分利用右脑。右脑是以直觉方式思维的，它要求在理解事物之前先掌握实质，相对于逻辑而言，右脑更注重审美，它能作出创造性的反应。在家庭生活中，家长可以为孩子右脑开发创造一定的条件，如让孩子学音乐、培养绘画感觉能力、干力所能及的家务、参加体育运动、捉迷藏、手指训练等。

第三，建立良好的人际关系。罗杰斯认为人类有一种心理需求，"这是一种对亲密的和真实的人际关系的渴求。在这种关系中，情感和情绪能自发地表现出来，它们并没有得到详细的审查或者受到各种各样的胁迫，在那里，深刻的体验能被分享；在那里，能冒险采用新的行为方式，并且不断加以提高。总而言之，在那里，它能接近被充分理解和充分接受的状态"。罗杰斯提出人际关系的构成要素有三个，即真实、接受和移情性理解。在与他人平和相处的过程中，每个人都可以满足自己的心理需求，进而为创造性的培养提供条件。在家庭关系中，父

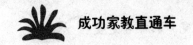

母应当为子女作出表率，建立温馨和谐的家庭氛围。

罗杰斯的教育思想是通过实践证明的，而且还经受住了时间的考验，无论是教育工作者还是家长们，都应该领略其中的主旨，为孩子成长提供一片天空。

十二、杜威的教育思想：从做中学

约翰·杜威（1859—1952）是美国著名的教育家，他主张实用主义教学，对现代西方教育史的发展产生了重要影响。杜威教学论的中心思想就是"从做中学"。杜威认为人们应当"从做事里面求学问"。他还指出传统的学校教育注重的是"从听中学"，其传递的是人类长期积累的最牢固的知识，是关于"怎样做"的知识。但是这种知识因为脱离了学生的社会生活的实际而变得空洞乏味而且不好掌握，所以，他认为如果没有给学生"做"的机会，必然会阻碍学生的自然发展。由于每个孩子天生就有"做"的愿望，所以必须对学生的"做"给予高度的重视。

在论述"从做中学"的具体含义时，杜威明确指出："它涉及一切活动，它包括使用中介的材料、用具以及使用各种有意识地用以获得结果的各种技巧。它涉及各种用工具和材料去进行的表现和建造一切形式的艺术活动和手工活动，只要它们包括为了达到目的的有意识的或深思熟虑的努力。"除此之外，杜威还认为"从做中学"的内容使儿童关心的并不是那些客观事实和科学定律，而是直接的材料的操作和简单能量的运用，以产生有趣的结果。

"从做中学"对儿童的各方面发展都是有利的。从心理上来说，"从做中学"使儿童提高了自制力和自信心。杜威指出："当儿童'从做中学'的时候，他精神上肉体上都在体验某种被证明对人类有重要意义的经验；他所经历的心理过程，与最早做那些事情的人所经历的心理过程完全相同。由于他做了这些事情，他明白了结果的价值，也就是说事实的价值。"

从智力上来说，"从做中学"使儿童获得了知识和锻炼了能力。杜威指出："当儿童在'从做中学'过程中圆满地解决那样一个问题，他就增添了知识和力量。

他试验了他所学到的知识。根据用这些知识在制造世界上有用的东西来了解它们意味着什么；他以一种发展他自己的独立思考能力的方法做了一件有益的事情。"

从道德上来说，"从做中学"促使儿童能够很好地了解社会和培养社会性习惯，使其对新环境应付自如。杜威指出："在'从做中学'的时候，对儿童的活动能力，对他在建造、制作、创造方面的能力有吸引力的每一种教学法的采用，都标志着伦理的重心从自私的吸收转移到社会性的服务上来的机会。"

在家庭教育中，父母应当为孩子提供"做"的条件。首先是那些作为基本需求的东西，如吃的、穿的、用的、住的。这些东西是现实的而且是无时间限制的。它们的存在可以激发儿童的兴趣。其次是简单的东西，例如孩子能够重新发现、重新发明和重新建造的东西，例如家里弄个小花园，家长可以和孩子一起种花、种草，这不仅能够引起儿童的兴趣，而且还能锻炼动手能力，把花园建造成孩子所想象的那个样子。除此之外，现在有很多玩具是拼插模型玩具，孩子可以动手拼插出不同的模型。最后是社会性的活动。这些活动不仅是孩子感兴趣的，而且还能从中感知和了解各种关系。例如，在孩子生日的时候，家长可以提议让其他小朋友到家里一块儿玩，整个过程让孩子自己安排，包括请朋友、布置生日场景、玩什么游戏，在这个过程中，孩子可以培养人际交往的能力。

总之，杜威"从做中学"的教育思想不仅对学校教育改革起着重要作用，对家庭教育也有着深远意义。

第八章
失败的家庭教育

一、成长需要空间：反思徐力杀母

2000 年 1 月 17 日，一名 17 岁的中学生因不堪忍受沉重的学习负担而杀死了自己的母亲。这件事情被各大媒体争相报道，也引起了人们对家庭教育的反思。

这名杀母的中学生名叫徐力，当时为浙江省金华四中高二的学生。徐母为金华市一家食品厂的工人，而徐父常年在外地火车站工作，所以徐力从小到大都是在母亲的悉心照料下成长起来的。虽然徐母收入不高，但是她尽力让儿子吃好、穿好、休息好，为他提供最好的学习环境，这或许是望子成龙的心态使然。1998 年，徐力顺利考入了金华四中的重点班，徐母为儿子感到骄傲，然而高一上学期徐力学习成绩排名比较靠后。通过努力，在高一下学期的一次考试中，徐力一跃考进班里的前 10 名。徐母真是喜出望外，没想到儿子进步这么快，所以她坚信就凭儿子的实力一定还会有更大的进步。因此，她就对儿子提出了"每次考试都要保持在前 10 名"的要求。

1999 年 11 月底，徐母在参加学校家长会的时候得知徐力这次的期中考试成绩排名 18，感觉儿子退步了，自己也抬不起头来，所以回家之后就狠狠地打了儿子一顿。徐力的业余爱好是踢足球，但是徐母因为儿子学业退步就剥夺儿子踢足球的权利，并且还说："以后你再去踢足球，我就把你的腿打断。"此时，倍感沉重学习负担压力下的徐力更感觉自己压抑至极、生活无望。

2000 年 1 月 17 日，徐力在家吃完午饭之后想看会儿电视，但是徐母不仅不让，而且一再提醒儿子期末考试一定要考入前 10 名。面对母亲再次重申的苛刻要求，徐力并没有很强烈的反应，只是说："很难考的，不可能考得到。"但是，徐母并没有接受儿子的"申诉"，母子之间再次因为学习成绩发生了激烈冲突。已经绝望的徐力从门口拿起一把木柄榔头朝母亲的后脑砸去，就这样，母亲就被儿子给活活砸死了。

在杀死母亲之后，徐力移尸灭迹，而且还写字条骗父亲说母亲去杭州"看病"了，照常上课、考试，没有任何异常。或许大家惊讶于他的镇静。在常人看来，徐力的这种行为举动实属异常、难以被人理解，但是心理学家却可以对其作出较为科学地分析和解释：在生活中，每个人都在扮演着不同的角色，也就是一饰多角，虽然这是无意识、不被人察觉到的。在徐力杀母的时候，他已经是"另外一个人"了，徐力曾经交代说在悲剧发生之前，母亲因为他踢足球回家晚了，认为踢球是导致他学习成绩下降的原因，所以就用竹棍敲打他的腿部。在他杀母的过程中，徐力扮演着他母亲的角色，用榔头敲打着母亲的头部，最终导致其死亡。正是这种"分裂"把徐力对母亲最真实的情感掩藏起来了，因此，才导致了徐力整个杀母过程的"心安理得"。

众所周知，与中小学生相比，高中生要承受更大的压力。他们不仅要学习更多的文化知识，关键是需要在中国应试教育体制下的高考中取得好成绩。俗话说"压力可以转化为动力"，但这个转化是有条件的。从小到大，每个孩子都是在亲人的期盼中成长起来的，虽然生活是多姿多彩的，但面对自己内心不愿意做或者是无能为力的事情时，压力之感油然而生。但是，每个人都有消解自己压力的途径和方法。所以，久而久之，压力对一个人来说就不算什么了。而在父母眼中，他们认为给孩子压力是好的，只有这样，孩子才能进步得更快。殊不知，孩子们整天在为如何缓解这种压力而大伤脑筋。相信每个孩子从小到大都是在压力下成长起来的，或许也形成了自己排解压力的固定方式。徐力作为一名高中生，学习负担已经将他压得喘不过气来了，再加上身边一位苛刻严厉的母亲，可以想见他的心里是多么的焦虑和压抑。好在他自己还有一个兴趣爱好——踢足球，但没想到一向重视学习成绩的母亲把他这唯一的自由也给剥夺了，生活中已经没有可以让他眷恋的东西了。我们可以想象一下，如果徐母继续让徐力踢足球，在成绩稍微退步的时候给他鼓励，增加他的自信心，相信事情必然会是另一番景象。

　　纵然，父母望子成龙、望女成凤的心态无可厚非，但在家庭教育中，父母不应该将自己放在主体地位上，只是一味地按照自己的心意来要求孩子、将自己的愿望强加给孩子，而应该以孩子为主体，了解孩子的实际情况，给孩子一定的空间，让他在更加和谐、宽松的家庭氛围中健康成长。

二、堕落的天之骄子：马加爵事件

1981 年 5 月 4 日，一个男孩儿出生在广西宾阳县宾州镇马二村的一个贫困家庭中。没想到，23 年后，也就是 2004 年，即将大学毕业的他却走上了一条不归路，杀掉了 4 名同学。如此惨绝人寰案件的犯罪嫌疑人就是云南大学的马加爵。

当马加爵进入各大媒体和民众视线之前，他是云南大学生化学院生物技术学院 2000 级的应届毕业生。但当为众人所熟知的时候，他已经是公安部的 A 级通缉犯，"马加爵事件"轰动全国。

马加爵出生在一个非常贫困的家庭中，但是他勤奋好学、成绩优异，顺利考入重点高中和重点大学，曾经胸怀远大的理想，希望自己可以用自己的所学来回报家人和社会。然而，就是一次打牌的争吵让这么一个有理想和抱负的年轻人走上了犯罪的道路。

马加爵曾经是宾阳县的名人，他不仅聪明好学，而且在很多竞赛中获奖。就是带着被人崇拜和尊敬的心态，他来到了云南大学。其实，他的高考成绩足以去上更好的重点大学，但是为了节省路费，他还是选择了离家最近的学校。当进入大学之后，他不再是为众人捧着的尖子生，却经常因为贫困、落后而遭到周围同学的耻笑。心中的这个落差无法在短时间内得到填补。虽然自己无法与一些被称为"高富帅"同学来往，但是却有着与他条件相似的老乡、朋友，所以，这些人是他在大学期间顺利学习和生活的精神支柱。无论多么贫困，他都没有因为钱而被打倒。为了不给年迈的父母造成负担，只要有时间和精力，马加爵都会去打零工，甚至是做苦力来挣生活费。就是这样一个坚强奋进的大学生为什么会走上犯罪之路呢？

大学期间，邵某是马加爵眼中最好的朋友，但是在两人打牌的过程中，由于马加爵总是赢，邵某怀疑他作弊，二人就发生了口角，邵某甚至对马加爵进行人身攻击，批评他的为人，这就为悲剧埋下了种子。其实，在被好朋友批评的时候，马加爵心中那根脆弱的弦已经断了，他可以忍受很多人的歧视，但是却接受不了自以为关系最好的朋友赤裸裸地侮辱和怀疑。另外，让马加爵更加怀恨在心的是邵某拿同学A过生日没有请马加爵这件事情来教训他："就是因为你人品不好，所以同学A过生日都没有叫你。"这句话不仅加重了马加爵对邵某的恨意，更将同学A牵扯进来。落网之后，马加爵陈述了自己的杀人动机。邵某的确是"得罪"了他，但是唐某与他并没有什么瓜葛，只是因为他暂住在马加爵宿舍中，不经常出门影响了马加爵的杀人计划才惨遭杀害。而同学A被害的缘由就是过生日吃饭没有叫马加爵。具体到同学B被杀的原因，马加爵只是说在他处理杀死邵某的血迹时，恰巧同学B来宿舍找人，害怕同学B把事情说出去，所以就一块儿将其杀死了。

关于这起悲剧，我们或许最应该反思的就是马加爵的心理变化。从重点中学毕业考入重点大学的他在面对家庭困难和同学嘲笑的双重压力下，把希望寄托在了自己的朋友身上，但结局是被抛弃了。在警方抓到马加爵的时候，他的身上除了有2400元人民币之外，还有一个录音机和三盘录音带。录音带里几乎都在重复着一句话：我知道我错了，但我不知道活着干嘛？没有人需要我，没有人了解我。这个世界根本不需要我，这个世界不认可我。

关于悲剧的起因，我们不能只追究社会的责任，还应当考虑到家庭教育问题。马加爵根本感受不到来自家庭的关怀，他的母亲重病缠身，父亲只是一个老实巴交的农民，马加爵与父母之间几乎没有沟通。所以，当他父母得知这些滔天罪是自己儿子所犯下的时候，说的最多的就是"不相信"，因为在他们的眼中，马加爵听话、懂事、孝敬父母，与"犯罪"二字是不可能沾边的。

的确，在生活中，很多父母都为孩子感到骄傲和自豪，因为他们的孩子不仅学习成绩好，而且听话，从来不让他们担心。殊不知，当沟通缺位的时候，心灵也就开始偏离正常的轨道。"父母是孩子的第一任导师"，这句话足以说明父母在孩子健康成长、培养健全人格过程中的重要性。为人父、为人母并不是一件轻松的"差事"，通俗点说就是孩子喊句"爸妈"是有条件的，他需要你们的爱护、关心，甚至是呵护。所以，父母应当成为孩子的朋友，在他们遇到困难或者问题的时候，父母应当成为他们倾诉的对象，而且也要积极地"建言献策"，帮助孩子走出迷茫，培养健全的人格。

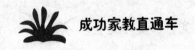

三、棍棒教育出逆子：儿子下毒毒翻全家

2001 年 4 月 26 日，湖南某地发生了一起因不服父母棍棒教育，儿子下毒毒害全家的事件。在这一天晚上，该户李姓一家四口在吃过饭之后，出现了不同程度的中毒现象，其中父母和女儿中毒较重，儿子中毒较轻。通过警方调查，发现投毒者就是这家 15 岁的儿子，而毒药是鼠药。在受审过程中，他交代了自己的作案动机："父亲总是打我，把我不当人，我这么做只想报复一下，没想后果。当我看见父母、妹妹在吃有毒的饭时，我害怕了，但又不敢阻止。我看见他们中毒了，我又后悔了。"

通过调查发现，李家是做皮鞋生意的，家境殷实，儿子读初中三年级，女儿读小学六年级。儿子学习成绩不是特别好，而且还在不断下滑，性格比较倔强，喜欢与社会上不三不四的人结交朋友，有时候还在外面打架滋事。而父亲为人正直，对儿子学习没有什么要求，但是却对其品行要求严格，如果得知儿子在外面惹事了，回家之后就会遭到父亲的暴打。面对父亲的打骂，他只是表面上服从，但是内心却充满了对暴力的恐惧和对父亲的怨恨。虽然他曾经对父亲做出过反抗，但是面对父亲的那套"打是亲、骂是爱"的理论，别无他法。在父亲看来，教育孩子是非常平常的事情，而且这也是父母的责任，但是他没有意识到打骂对于已经性格成型的孩子来说是于事无补的，而且还导致其叛逆心越来越重。李父虽然是本着让儿子成为一个好人的目的来教育的，但他并没有明白在现代社会下，棍棒教育已经非常落伍，而且对于正处在青春期的儿子，他需要通过更加温和的方式来纠正其错误。

的确，棍棒成就成功人士的例子不胜枚举，但是这并不代表棍棒教育对所有的孩子都适用。如今，很多家庭中只有一个孩子，但是为了让孩子成才，父母可谓是使出浑身解数，凡是对孩子有利的事情，他们都会头拱地地去做。在传统教育中，"不打不成才"的观念已经影响了几代人。在父母看来，由于孩子自制力比较差，犯过错误之后如果不说、不打，他们就记不住，还会犯同样的错误，棍棒教育可以使他们记忆更深刻。

另外，很多父母认为要想在孩子面前有威信、让孩子听话，最为直接的方式就是在他们犯错误的时候实施棍棒教育。这不仅显示了自己"高高在上"，更重要的是孩子会对自己产生畏惧心理。此后，父母就会产生这样一种意识：只要是不允许孩子做的事情，他们就不敢做。在父母为自己的所作所为而感到沾沾自喜的时候，孩子的心中早已生出了一粒怨恨的种子，并且在父母的言语攻击下不断地生根、发芽。很多父母以为孩子什么都不懂，父母的责任就是好好引领他们，采取一系列可能的措施和方法来防止他们走上歪门邪道。其实，有这种想法的父母真的低估了孩子的情商。从孩子懂事开始，他们就已经融入社会的大家庭中，除了受到父母的教育之外，还有学校的教育。幼儿园是学校教育的开始，在这个大集体中，孩子们学会了如何与他人相处，明白做什么事情是不对的，心中有一杆平衡秤。然而，在父母眼中，他们永远是怀抱中只会说话的"婴儿"，不明事理，需要家长的指导。的确，世界上不乏听父母话的"好"孩子，但是谁都不能保证随着年龄的增长和身体的发育，他们会继续言听计从。

青春期是人生发展的重要时期。处于青春期的少男少女青涩懵懂，对很多事情没有明确的看法，此时的任何外界事物都会影响他们世界观、人生观和价值观的确立。在这段迷茫期中，他们任性、叛逆、没有安全感，此时最需要的就是家长的引导和帮助。当然，孩子各种异常的举动会让你气急败坏，但是应当明白所有的问题并不是用打就可以解决的。

当你的孩子让你感到不满意或者丢人的时候，你应该劝自己：孩子需要教育才能成才，否则要家长做什么呢？另外，还要做到按照孩子的具体特性来找解决问题的办法，对于你的孩子而言，如果棍棒教育比其他所有的教育方式都有效，那么可以适当地惩罚一下；如果打过一次，没有任何成效甚至是还不如之前的表现，你应该找寻其他的解决途径。

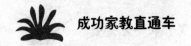

　　综观国内外家庭教育经验，在孩子犯错误的时候，情感教育是最好方式，做到"晓之以情、动之以理"不仅能从根源上解决问题，更重要的是它可以培养孩子的情商，以健全的人格立足于社会。

四、性格教育缺失：难辨"真假"孩子

在生活中，在评价一个人表现不一的时候，我们经常听到的一个词是"双重人格"，即在不同的环境中会有不同的表现。下面可以举一个例子来说明一下：

一位家长突然接到了派出所民警的电话："你家孩子在派出所，请赶紧来一趟。"

当听到这个消息的时候，接电话的妈妈对着电话那头的民警喊道："你说什么？不可能的！我的孩子是个好孩子，不仅懂礼貌，而且明辨是非，他不可能做什么违法的事情。你一定是弄错了，说不定是同名同姓的，你再查查吧。"

"基本不用查了，我可以确定他就是你的孩子。"民警再次强调。

听到民警这样说，这位妈妈如坐针毡，匆匆来到派出所，没想到等待她去处理事情的就是自己的孩子。面前的孩子仍然是老老实实，满脸写满了委屈，看到这种情形，任何人都不敢相信犯错的就是他，关键是所犯的错误不小，而且惊动了派出所。究竟自己孩子的本性是什么样呢？此时的这位妈妈感到迷惑了。

或许在孩童时代，很多人都曾经在父母面前伪装过自己，以一副乖孩子的面貌出现在他们眼前，但却可以做到不失本真，只是藏有自己的小秘密罢了，没有什么危害。其实，这种伪装无可厚非，它是一个人立足于社会的必备工具。每个人都有两个自己，而这是随环境的改变而变化的。但是，如果这种伪装已经达到警方介入的程度，那就需要引起重视了。究竟谁应当为孩子的"双重人格"负责呢？在父母面前，孩子为什么要掩饰真实的自己？孩子更想做什么样的自己……这一系列的问题都值得我们深思。

父母不仅仅是为孩子提供物质需求的人，更重要的是孩子的精神导师。如果能够让孩子在你面前展现出最真实的自己，作为父母，你已经成功了，因为孩子可以无忧无虑地向你袒露自己的心事，对你充满了信任。如果现在孩子在你的面前还是唯唯诺诺、做事情不自然，那么你需要真正地融入他的生活中，只有这样，你才能了解他的所思所想。

从孩子出生以来，每个家长都在按自己的理想去要求孩子，久而久之，孩子对父母的了解要远远深于父母对孩子的了解。他们知道自己的爸爸妈妈喜欢什么样的孩子，因此在父母面前极力向父母理想中的好孩子靠近。当父母不在身边的时候，他们会借机放松一下，以便更好地诠释父母眼中的自己。毕竟每个人的精力都是有限的，所以很难保证每时每刻都能绷紧脑海中的那根弦。当压力瞬间变得无力承受的时候，这些孩子们就会背着父母犯下严重的错误，成为父母眼中的"陌生人"。

有人曾经这样说："只要你敢打孩子，孩子就敢跟你说谎"。所以，在很多时候，父母眼中的孩子并不是最真实的。生活中，父母强加给孩子过多的"不准"就会带来更多的"就不"。当没有了父母的监督和控制，孩子就变形了。

因此，如果想让孩子在你面前展现出最真实的自己，应当做到以下几点：第一，孩子是家庭中的重要成员，因此凡事应当尽力做到民主，倾听孩子的心声；第二，任何家庭成员在做错事情之后，只要肯于承认错误并承担责任都应当得到原谅；第三，父母与孩子有着平等的地位，如果父母做错了事情也要检讨认错；第四，不要以自己的想法来要求孩子。

五、压抑的家庭氛围：出走的小女孩

在 2012 年 10 月 17 日，新华网广东频道有这样一则报道：

2010 年 10 月 5 日凌晨，一名身高不足 1.4 米，年龄约 10 岁的小女孩在广州火车站售票大厅购买前往北京的火车票。正在执勤的广州派出所民警付建发觉小女孩儿流露出犹豫不决的神色，于是上前询问，发现其是离家出走。

付建将小女孩李某带到了执勤点，她却始终不肯透露父母姓名和家庭住址。为了找到李某家人，该所民警黄斌斌通过户籍查询发现李某的父亲已经在原住地派出所报了案。在当地派出所民警的帮助下，该所民警和李某的父亲联系上并通知其第二天到广州火车站接人。为防止李某中途出逃或发生意外，民警安排李某在执勤室休息，并买来食品。在民警们的耐心开导下，李某逐渐认识到自己的错误行为。

10 月 6 日 11 时 30 分许，李某的父亲赶到了派出所，看到平安无事的女儿，感激地握住民警的手不停地说："给你们添麻烦了，如果不是你们，我真的很担心她被拐卖了！"原来，这位父亲和妻子感情不和，妻子在北京打工，女儿把零用钱攒下来，准备趁这次长假去北京找妈妈。4 日 12 时，李某伴装出去找同学玩，搭乘了广州方向的长途汽车。这位父亲到 17 时许还没有看见女儿回来，就到亲戚朋友家到处寻找，在寻找无果的情况下，23 时报警求助，所幸不到一个小时，广州这边就传来了好消息。

看了这则报道，我想说李某的父母是幸运的。全国还有多少个少年儿童与李

185

某有着相似的情况，我们不得而知。在一个家庭中，每个成员都希望过着幸福的生活，父母恩爱，子女健康。然而，作为父母，又有多少人能够为了整个家庭、为了孩子做到尽职尽责呢？

随着我国城市化进程的加快，很多农村青壮年走进城市，成为打工一族。他们常年在外工作，回家的次数屈指可数。当然，外出的务工人员不乏出于挣钱的目的，但是很多人是因为家庭成员之间感情淡薄。所以，留守儿童和空巢老人的数量越来越多。做父母的应该懂得，对于孩子来说，缺少父母关爱的孩子是非常可怜的。当他们看到同龄人穿着妈妈给买的新衣服，怀里抱着爸爸给买的漂亮娃娃时，他们会是一种什么样的心情。看着家中只有妈妈或者是只有爸爸，甚至是只有爷爷奶奶陪在自己的身边，他们倍感孤独和压抑，只能通过某些极端的方式来发泄自己心中的不快。之所以会出现这样的情况，在很大程度上应当将责任归咎于父母。

这些父母在恋爱的时候感情一定特别好，所以才能顺利地结婚生子。可是，当他们组合成家庭之后，恋爱时的那种浪漫难以保持，加上家庭琐事的增多，争吵也就成了家常便饭。再好的感情也是经不住过度争吵的，正所谓"细节打败爱情"，但是看着孩子太小，离婚也不现实，所以他们只好自寻出路，即外出打工。或许很多人打算外出时给对方的理由是"大家都冷静冷静吧"，可是，这一"冷静"持续的时间少则一个月，长则几年。转眼间，孩子已经长大了，看着自己并不健全的家庭，他们渴望父母能陪在自己身边，分享自己的喜怒哀乐。可现实把他们最不过分的愿望也给击碎了。

纵然，每个人都有追求自己幸福的权利，但是一旦有了孩子，拥有这个权利的人不只是一个人，逃避做父母的责任就是剥夺了孩子幸福的权利。即使外出务工或者是离开家庭，作为父母的我们都应该记得还有一个孩子在等待我们的关心和爱护。纵使不经常在他们的身边，也要时常打电话或者定期回家与孩子做亲自交流，尽量让他们在一个相对完整、和谐的家庭氛围中长大。只有这样，才能要求他们健康成长、成才。

六、过度关注无好处：害怕失败的孩子

曾经有人这样感慨中国的家庭教育"做中国的孩子苦，做中国孩子的父母更苦，因为父母要用一生来关注孩子"。父母关注孩子本是一件无可厚非的事情，但是如果过度的话，可能会适得其反。

众所周知，凡事要有度。父母教育和关注孩子也是如此。

2012 年 5 月 22 日，《羊城晚报》有一篇关于过度关注孩子问题的文章，其中举例说明了过度关注无好处的道理：

全职妈妈令不少职场妈妈们羡慕不已，她们大多有优越的生活条件，不必为衣食担忧，不必为生计奔波，最重要的是能够全心全意地照顾孩子。在很多人的观念中，全职妈妈带出来的孩子各方面肯定优于丢给老人或保姆的孩子。但在我们身边，却有不少全职妈妈为照顾、教育孩子倾尽全力，可带出的孩子却存在这样或那样的问题。

案例：精心呵护，养出"小豆芽"

薇薇此前由于工作紧张流产过一次，所以"小豆子"一出生，她毅然放弃了工作，全心照顾这个来之不易的儿子。薇薇看了不少育儿书，从儿子 5 个月大，她就开始给他精心烹制各种辅食。薇薇对他的饮食格外讲究，每天都要观察小豆子的大便，根据其大便的性状调整菜谱。就算全家人出外就餐，薇薇都会事先做好小豆子的饭菜，用保温桶带着去。可即便这样，小豆子的身高、体重都远远逊色于同龄孩子，还经常生病，老公总埋怨她，连个孩子都带不好。这让薇薇为此很沮丧，焦虑不已。

专家点评：广东省人民医院儿童少年心理研究室主任戚元丽表示，和职场妈妈相比，全职妈妈确实有更多的时间和精力关注孩子，不过不少全职妈妈就如薇薇一样，对孩子关注过头了。这种过度的关注，妈妈本人会产生焦虑，而她的焦虑是会传染给孩子的，哪怕还是刚会牙牙学语的幼儿。孩子的精神不放松，无时无刻都能感受到关注和压力，势必会影响身心发展。

事实证明，父母的过度关注并不能成为孩子健康成长的必备条件，在很多时候，反而成了一种阻碍因素。当然，得不到父母关注和关心的孩子也缺少有利的发展条件。所以，父母应适当关注孩子。

在生活中，因为父母对自己关注过多，很多孩子感到压力特别大，特别是学习方面。例如，在一次考试中孩子考了80分，家长就希望下次考试时能得90分，于是在此期间，家长就会想尽一切办法给孩子补充营养、创造学习的好环境，与孩子谈心的时候也在强调学习的重要性以及自己对孩子的期望。从表面上看，家长可谓是用心良苦，但实际上并没有达到自己所希望得到的结果，孩子在父母的过度关注中整天郁郁寡欢，有时候还感到害怕，因为总是在想家长为自己付出了这么多，如果下次考不好的话该如何交代。这样的孩子急于渴望成功，为了成功，为了博得父母的赞扬，为了让父母在众人面前有面子，他们整天奋力读书，只为能达到父母的要求。如果失败了，可以想象出可能出现的画面：

妈妈问放学的儿子："这次考试成绩出来了吧？"

儿子说："出来了。"

"快告诉妈妈，这次考了多少分，是不是比90分还高？"

儿子默不作声，慢慢地把试卷从书包中掏出来。

"98分啊！儿子，你太棒了！"

"妈妈，你拿反了，是86分。"

此时，妈妈才反应过来，原来自己过于激动，连卷子都拿反了。

"什么？你连90分都没考到啊，怎么搞的，我不是给你补营养了吗？我那么地照顾你，你连90分都考不到，真是气死我了！"顿时，妈妈爆发了。

儿子也特别委屈地说："妈妈，虽然没有考到90分，可是我考了86分，比

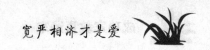

上次还多 6 分呢，应该说是进步了。”

"你还好意思说啊，就我为你做的那些事情只值 6 分吗？"

"你那样做我就好受吗？整天除了学习就是成绩，别的同学的家长怎么没有像你这样如此关注学习成绩呢？其他同学每天都过得特别愉快，只要努力学了，哪怕多考了一分，人家爸妈也表扬他们。可我呢？整天胆战心惊，就害怕考试，每当考试，我就害怕比上次考低了。我不需要你这样照顾我，我只需要你用平常心来看待我的成绩，我希望得到你的表扬，哪怕只有一点进步。"

听儿子这样说，妈妈沉默了。

可见，过度关注只会让孩子有更多的心理负担。如果你还是无法理解这个道理，试想一下，如果整天有人在关注你的一举一动，你会感觉特别舒服吗？或许有的人说舒服，因为这证明了自己是有价值的。即使有一段时间你感觉舒服，那你能保证这种情况一直持续下去也是可以的吗？相信没有人能做到。所以，家长要学会换位思考，试着体会孩子的感受，并为他们提供最舒适的生活和学习氛围。

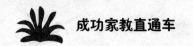

七、有罪的孩子惩罚了父母：药家鑫案

2010 年 10 月，一起西安某高校大学生杀人案引起了社会的广泛关注。自幼学习音乐的药家鑫在短短几天里就成了大街小巷谈论的话题主角。

回顾药家鑫案：

2010 年 10 月 20 日，西安音乐学院大三学生药家鑫在深夜驱车回家的路上，将一位叫张某的女子撞倒在地，下车后他看到对方试图记录他的车牌号，就用随身携带的水果刀将张某刺死。案发后第三天，也就是 10 月 23 日，药家鑫在父母陪同下前去自首。2011 年 1 月 11 日，西安市检察院以故意杀人罪对药家鑫提起了公诉。同年 4 月 22 日在西安市中级人民法院一审宣判，药家鑫犯故意杀人罪，被判处死刑，剥夺政治权利终身，并处赔偿被害人家属经济损失 45498.5 元。5 月 20 日，陕西省高级人民法院对药家鑫案二审维持一审判决。2011 年 6 月 7 日上午，药家鑫被执行死刑。

在这起案件中最令人疑惑不解的地方是已经考入大学的药家鑫为什么会随身带刀，而且在发生交通事故之后没有报警，而是采取极端的手段把受害人张某杀死？

纵观药家鑫的生长经历，他的这种极为自私和不负责任的行为与家庭教育不无关系。在庭审过程中，药家鑫袒露从小到大，他几乎除了学习以外就是练琴。每周必须要做的事情就是练琴，如果不练，妈妈就会打他。有一段时间，爸爸看他成绩不好，没有努力学，把他关在地下室里面，除了吃饭能上楼以外，其他时间都在地下室里待着。他觉得看不到希望，天天压力特别大，而且还经常想自杀。

另外，提到父母，药家鑫貌似与母亲的感情更加亲近一些。因为在药家鑫小的时候，父亲不在西安，他是跟着母亲长大的。药母对药家鑫的教育方式是凡是出去跟小朋友在一起玩，只要打架了，不管谁对谁错，他回来肯定是挨骂的。

而父亲对他的教育方式则更为严厉。在学校里，曾经有个男同学要求药家鑫背他，如果不背就要给一元钱。当时学校通知家长来处理这件事，药父当时的态度是：那就让他背吧。或许作为军人的药父只懂得凡是命令都要无条件地服从，而没有明白日常生活教育对孩子人格培养的重要性。因此，药家鑫并没有明确自我责任，更没有学会独立面对问题。久而久之，这种人格教育的缺失使得药家鑫越来越胆小和懦弱，当出现问题的时候从来不敢正视和解决，只是一味地逃避。

关于药家鑫的性格，药母的评价是"胆小、懦弱和自卑"，她说，药家鑫对男的有一种畏惧的感觉。从这个方面来说，我们可以推断药家鑫性格缺陷的形成与他的军人父亲的严格管教很有关系。关于自己的想法或者心声，药家鑫从来没有向父母表达过，而父母也没有与他沟通过。药家鑫的一个朋友说药家鑫感觉自己的心理有点扭曲了。但药家父母对此丝毫没有察觉。

药家鑫在庭审现场供述了自己的杀人过程："我下车走到后面，看到撞到人，她在呻吟，第一反应就是特别害怕、慌。一转念就想到了害怕她以后不停地来找我，害怕撞到农村的，特别难缠。"这句话不仅极为刺痛公众神经，并且引发了对他家境富裕、背景特殊的猜测。另外，他还说"我怕他们没完没了地缠着我的父母、家人"，这句话把部分原因指向了他的家庭。

药家鑫从小就接受不允许犯错的教育，如果犯错就是给父母带来麻烦，所以他的这种只要犯错了就要逃避的心态早已在他的心中生根发芽。

当交通事故发生的时候，他能想到的就是"如果撞到了难缠的农村人会给父母带来很多麻烦，一定不能给父母惹事儿"。他不敢承担责任，在面对困难的时候想方设法地逃避，所以，他采取了极为残忍的手段结束了他人的生命。然而，在这种危机时刻做出的最为原始的反应其实就是对药家鑫心态的最真实写照。

药家鑫案是一个个例，但是却又带有普遍性。很多家长自以为是的成才教育在孩子眼中或许是难以承受的。因此，在家庭教育中，有效沟通是必不可少的。父母应当承担起养育儿女的责任，但这并不代表为其提供优越的物质条件就可以了，感情疏导是更为重要的，使孩子在与父母的良性交流中成才。

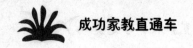

八、离婚的真正受害者：消极避世的孩子

在现在社会中，离婚似乎已经不是什么稀奇之事了。在这样一个速食文化时代中，婚姻也变得速食了。如今，接受闪婚、闪离的人也越来越多。随着孩子的出生，很多人都没有了恋爱时的激情，生活归于平淡，但人们追求浪漫的心理却丝毫没有什么转变，当自己的渴求没有得到满足的时候，很多人就会另辟蹊径。离婚之后，他们或者找到了新的归宿，或者回归自由，过着无忧无虑的生活，束缚减少了，享受增多了。可被他们遗弃的孩子却开始了苦命人生。

2006 年 5 月 10 日，在谈到城市蛰居族的时候，人民网提到这样一个因父母离异而消极避世的孩子：

阿 KEN 无疑是最让人头疼的那种孩子。阿 KEN 的父母在他 6 岁时离婚，各自另有归宿，他长期寄居在爷爷奶奶门下。从小学开始，就以捣乱和不交作业闻名全校。初中毕业后，阿 KEN 考上一所中专，本来想学习剪发，谋求一技之长，但是怎知又半途而废。偶然间，阿 KEN 接触了网络游戏，沉溺到一发不可收拾的地步。他每天待在家中上网，网费来源于游戏中变卖装备的资金，而对于生活上的要求就是一碗泡面和一瓶啤酒足矣。爷爷奶奶在无数次尝试说教无效后，只能听之任之。

阿 KEN 的这种状态是由惰性和父母情感教育缺失造成的。他没有父母的关爱，也没有受到良好的教育，同时也没有丰富的社会阅历，缺少一技之长，只能消极避世，沉溺在网络这个虚拟的世界中而不能自拔。

父母离婚对孩子会产生怎样的影响？在父母离婚后，孩子无法得到正常的父爱和母爱，不仅生活的很多方面受到影响，更严重的是造成无法弥补的心理伤害。心理学研究表明，父母离婚后生活在缺损家庭或再婚家庭中的儿童比生活在健全、正常家庭中的儿童，更容易出现心理问题，如性格上的变异、心理障碍甚至心理疾病。在现实生活中，我们经常会看到一些儿童因父母离婚而表现出来的"个性"，如性格古怪、孤僻、情绪消沉低落、冷漠、反抗、敌视他人等，甚至一些孩子因为没有完整的家庭而渐渐走向堕落。

一个人的性格发展和形成的关键期是儿童时期。在儿童性格形成过程中，父母影响最大，甚至是决定性的。父爱和母爱是其他人无法给予的，更是他人无法取代的，所以，通常情况下，那些父母和睦相处的家庭更能为孩子提供良好的生活和学习环境，同时也容易塑造良好的性格品质；那些父母矛盾和冲突比较多的家庭，孩子心里是非常痛苦的，如果情况过于严重的话，会有很多不良性格和习惯养成。

其中，有这样几种情况，严重影响了孩子性格的正常发展：

第一，父母离婚之后仍然矛盾不断，见面后双方如仇人一般。很多夫妻在离婚的时候并不能做到和平分手，而是吵吵闹闹，甚至还为财产争论不休，在这种环境中，孩子性格容易遭到扭曲，对人与人之间的爱产生怀疑。

第二，父母离婚后诋毁和报复对方。有些人离婚后对对方怀恨在心，在孩子面前说尽了坏话，而且还不允许对方与孩子有任何接触。如果孩子不听话见了对方，要么谩骂对方，要么指责孩子。孩子无法得到正常的父爱或者母爱，即使得到一点爱也不是正常的爱。

第三，父母离婚后把气撒在孩子头上。有些人离婚后感觉天塌下来了一样，整天怨气冲天，动不动就发脾气，如果找不到发泄的对象，孩子的一句话都可能成为其发泄的导火索，此时遭罪的就是孩子了。这样的孩子最可怜。

第四，父母离婚后都拒绝抚养孩子。有些家长特别不负责任，在离婚后只想着为自己的未来做打算，不想带着一个"拖油瓶"，所以拒绝抚养孩子，这样孩子就被双方推来推去，在这个过程中，孩子感觉自己被父母抛弃了，最容易产生厌世情绪，长此以往，心理必然会出问题。

可见，父母离婚阻碍了孩子的正常成长，甚至还对其产生毁灭性的影响。当然，也不乏父母离异后而身心健康的孩子，他们的父母是怎样做到的呢？当然，仍然存在的父爱和母爱起到了关键作用。离异的父母并不会当着孩子的面诋毁对方，而是继续肯定对方；即使组建了新的家庭，他们也没有割断与孩子的联系，并且鼓励支持孩子与对方多联系，这样的爱没有改变，只是孩子的生活方式有所改变罢了。

所以，如果父母的确不可避免地走上了离婚这条路，一定要善待对方，善待孩子，给孩子完整的爱。

九、扼杀孩子的爱好很可怕：远离舞台的"舞蹈家"

在一个人的成长过程中都会表现出对某件事或者某个物的"独有专情"，他们喜欢、热爱，甚至是痴迷，这就是所谓的兴趣爱好。但是，往往因为中途出现的各种原因而使兴趣爱好渐行渐远，最终只能成为人内心深处的美好记忆。

小强今年11岁，刚上五年级，但是小小的他最近却遇到了特别大的困惑。在小强翻看相册时发现了自己小时候的一些照片。照片中的他摆着各种手势，而且这些手势都很奇怪，俨然一个小小的"舞蹈家"。

看到这些照片，小强非常兴奋。因为他发现了自己从小就喜爱舞蹈，而且也有一些天赋。在他记忆中，在还没有上学的时候，他经常在大人面前表演节目，不管是唱歌还是跳舞，他都能做到信手拈来。但是，随着年龄的不断增长，特别是上小学之后，他开始变得羞涩，不好意思在大人面前唱唱跳跳了。但是，对舞蹈的这份热爱并没有就此停止，他希望有朝一日，自己仍然可以走上舞台为大家表演节目。

恰巧学校的舞蹈队要招募新成员，这再次拨动了小强心底的那根弦，他希望能加入进去，完成自己的舞蹈梦。事实证明，他的舞蹈天分得到了学校舞蹈老师的认可，而小强的跳舞愿望也实现了。

在放学之后，他跑步回家，只为能在最短的时间内把这件值得高兴的事情告诉父母。谁知，父母的反应却令他非常失望，他们反对小强加入舞蹈队，因为跳舞会影响学业。另外还有一个原因，在小强的父母看来，跳舞是女孩子的事情，男孩子瞎掺和什么。

听到父母如此反对自己跳舞，小强内心有说不出的难受。他希望父母能尊重自己的兴趣爱好，也希望父母给自己在跳舞这方面发展的机会。

其实，小强的这个愿望非常正常，因为自己对舞蹈方面的热爱，他可以在跳舞的过程中感受到自己存在的价值，同时也能陶冶情操，在考虑以跳舞作为自己的一技之长的时候，可以将其作为自己的职业方向。

孩子有兴趣点是好事儿，家长不应当根据自己的喜好而阻止孩子的兴趣，而应当从孩子的兴趣出发并不断培养孩子，不断拓宽孩子的知识面，开阔孩子视野，使孩子掌握各种特殊的本领，为将来的发展打下坚实的基础。在现实生活中，很多孩子都有着在父母看来是不靠谱儿的兴趣爱好，但这些兴趣爱好却成就了一批批的年轻人。

另外，一些家长做到了对孩子兴趣的培养，但他们的做法却把孩子最初的爱好给抹杀了。其中最典型的做法是家长为孩子报太多的"兴趣班"，反而扼杀了孩子的兴趣。

如今，很多年轻的家长都在感慨"孩子都快养不起了"。除了为孩子提供吃喝拉撒睡之外，父母还得考虑让孩子从小就培养兴趣爱好、有一技之长，别家孩子有的东西也得让自己孩子有，所以攀比之风愈演愈烈。同时，在商家利益的驱动下，各种辅导班、兴趣班如狂风般扑面而来，各种宣传口号吸引着家长们，让他们按捺不住，甚至在想如果可以的话让孩子都去上。关于费用问题，家长认为钱是可以通过努力赚来的，再加上节约生活开支，费用多点就多点吧。他们的观念是：什么都可以耽误，但孩子发展和成才不能耽误。所以，他们省吃俭用地让孩子上兴趣班，同时也是孩子们坚实的后盾。谁知，这些兴趣班反而成了孩子兴趣的杀手。

国外父母与中国父母相比，有着完全不同的培养教育孩子模式。国外父母同样也有望子成龙、望女成凤的期望，但是他们并不接受家长为孩子如此安排，而是希望孩子可以在某些时候"虚度光阴"。他们认为在"虚度光阴"的过程中，孩子可以储备能量，培养独立性和创造力。而中国的孩子在中国式的家庭教育下，虽然很多孩子有不少特长，但动手能力和思考能力实在是不敢恭维，除了这些特长之外，什么都不会。这体现出了家庭教育的失败。所以，家长千万不要违背孩子成长的规律，让孩子最终跑错了方向。

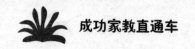

十、被阻止的青春更叛逆：离家出走的中学生

　　每个人都有青春，有的人已经经历过，有的人正在经历，而有的人即将经历。有人说青春是一首永不言败的歌；青春是一条永不停息的河；青春是一本读不厌的书；青春是一杯品不尽的茶。也有人说青春如初升的太阳，充满活力；青春如发芽的小草，充满活力；青春如展翅的雄鹰，充满信心。青春充满了酸甜苦辣咸，五味俱全；青春是一场五彩缤纷的视觉盛宴，引人注目。在一个人的成长过程中，青春期代表着叛逆、冲动、自信、独立，它带有普遍性。

　　在家庭教育中，家长最头疼的要数孩子青春期时的教育。在走入青春期之后，孩子的独立自主意识开始变强，自尊心也增强。他们希望能与他人交流，交到更多的朋友。同时，他们也出现冲动、富于幻想，开始萌发性意识，喜欢与异性接近的心理变化。此时，家长必须重视孩子的变化，而且要积极给予疏导。特别是对于孩子出现的"早恋"现象，无论是家长还是老师都不要过于惊讶，更不能强压制止，而是以孩子所能理解的方式进行教育，让孩子明白什么是真正的爱。

　　2007年11月30日，新浪网新闻中心的社会新闻发布了"2名中学生因恋爱受阻挠离家出走"的新闻。

　　一个17岁的男孩儿和一个16岁的女孩儿离家出走了。两年之前，他们两个来自同一个市的不同的小山村，在一所镇初中的同一个班级读书。同窗三年之后，他们两人相爱了。但是考虑到他们年纪比较小，所以老师们不断劝阻他们，但是并没有起到任何效果。他们两人选择离家出走来保护爱情。如今，他们两人已经有两个月杳无音讯了，虽然双方家长尽力寻找，但是仍然没有任何消息。

其中男孩儿留了一张字条，字条上说："亲爱的爸爸、妈妈，我是被逼走的，我真的不想走，因为我舍不得你们。我这次走了，以后也许会回来的……看到你们辛苦地生活，我经常偷偷落泪。你们千万不要找我，我混出个样再回来。"

当男孩儿的父亲孙某从一名学生手中接过这张字条时，脑袋嗡地一下："儿子离家出走了！"回想起儿子还在身边时的场景，他眼中含着泪水，诉说着对儿子的思念。儿子从小跟着爷爷奶奶住，学习成绩特别好。上初中之后，他学习也特别用功。因为自身各方面条件都比较好，在班里威信也挺高的，所以被推选为班长。但是，上初三的时候，情况发生了一些变化，不知道从什么时候开始跟邻村的女同学恋爱了。恋爱之后，上课精力也不集中了，所以学习成绩直线下降。班主任发现之后，对他俩不断做思想工作，一再强调早恋的危害和学习的重要性，而且还把情况通知了他们的父母。

由于孩子比较执拗，所以老师就撤销了他的班长职务。这件事情给只有17岁的他造成了非常大的影响。因为自尊心比较强，被撤销班长之后，他总感觉在同学面前抬不起头。就在他跟邻村女孩儿离家出走的前一天，班主任又找他们谈话。回家之后，孙某看到儿子闷闷不乐，而且还偷偷地流眼泪。无论孙某怎么问他，都没有说出理由。当时，孙某比较忙，所以也没太在意，觉得孩子难受过去就没事儿了。

谁知第二天班主任老师打电话来告诉孙某他的儿子没有来学校，也没有参加模拟考试。孩子为什么没去上学呢？这下可急坏了孙某。他首先想到的就是跟儿子谈恋爱的女孩儿。情急之下，他骑上车来到邻村女孩儿家，没想到女孩也不在，她的家人也不知道她干什么去了。寻找无果之后，孙某又骑车赶到学校向老师和同学询问情况，一个和儿子同村的同学将一张字条递给了他说："早晨他把这个字条交给我，让我下午放学回村时交给你。"看完孩子留的字条，孙某差一点昏过去。急忙问那个学生孩子临走时，说过什么没有。那个学生也声称他没说什么，只是告诉孙某，班主任老师在前一天找过孙某的儿子和那个女生。

孙某立即找到班主任刘老师问个究竟，刘老师称，她只是因为男孩儿恋爱影响了学习，做了一些思想工作，别的什么也没有谈。

原来，老师苦口婆心的教育并没有挽回两个热恋中的孩子继续认真读书的念头，而是选择通过离家出走的方法来"捍卫"自己的爱情。在这个案例中，对其阻挠的是学校老师，试想如果是家长反对的话，结果是否也是一样。

无论他犯了多大的错误，老师都不应当撤掉他的班长职务，更何况他也没做什么坏事儿，只是比他人提前享受爱情的美好而已，这也没有什么见不得人的。既然已经有这个问题存在，家长和老师就应当正视，并且找到合适的方法，而不是单单地加以阻止。固然，中学生谈恋爱不对，但家长和老师们应当让其明白不对的原因，而不是一味说教，因为这是没有说服力的。老师完全可以告诉男孩儿和女孩儿："恋爱不是享受，更重要的是责任，双方都应当承担责任，而且还要为共同的美好生活而奋斗。此时最应当做的就是把这份情愫放在心底，认真学习，不断努力，成就自己。只有这样，才能给别人带来快乐和幸福。"总之，教育者应把孩子的压力转变为动力，为共同的美好生活而努力。

第九章

扪心自问：我们真的做对了么？

一、反省我们的做法

二、我们应该给孩子什么？

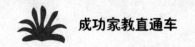

一、反省我们的做法

家庭教育的目的是什么？

家庭教育中最关键的是观念还是技巧？

我们是如何处理与孩子之间的分歧的？

我们把孩子作为实现自己理想的工具了吗？

我们做到尊重孩子的兴趣了吗？

在孩子成长过程中，我们扮演了什么样的角色？

如果有不懂的问题，我们向孩子请教了吗？

我们做到与孩子良性沟通了吗？

我们是否是孩子的好朋友？

在批评教育孩子的时候，我们做到换位思考了吗？

我们能避免以打骂的方式指责孩子的过失吗？

如果我们冤枉了孩子，会道歉吗？

我们如何向孩子表达自己的爱？

我们是如何看待孩子的学习成绩的？

在得知孩子对异性产生好感之后，我们是怎么做的？

我们是否创造了让孩子懂得承担责任的家庭环境？

我们帮助孩子做过哪些决定？这样做是否正确？

我们对孩子的关注是否过度？

我们最注重的是孩子的哪一方面？

当与孩子交流时，我们是否做到平等相待了？

我们给孩子创造磨炼意志的条件了吗?

我们是否经常在孩子面前吵架,甚至是互相指责对方?

我们是否晚上陪孩子写作业,并帮助他们检查作业?

二、我们应该给孩子什么？

"我们应该给孩子什么？"——相信到这里，很多家长已经心中有数了。但是，在这里想为大家提供一篇美文，希望家长们在阅读的同时可以反思。

巴金的一篇散文——《爱尔克的灯光》：

傍晚，我靠着逐渐暗淡的最后的阳光的指引，走过十八年前的故居。这条街、这个建筑物开始在我的眼前隐藏起来，像在躲避一个久别的旧友。但是它们的改变了的面貌于我还是十分亲切。我认识它们，就像认识我自己。还是那样宽的街，宽的房屋。巍峨的门墙代替了太平缸和石狮子，那一对常常做我们坐骑的背脊光滑的雄狮也不知逃进了哪座荒山。然而大门开着，照壁上"长宜子孙"四个字却是原样地嵌在那里，似乎连颜色也不曾被风雨剥蚀。我望着那同样的照壁，我被一种奇异的感情抓住了，我仿佛要在这里看出过去的十九个年头，不，我仿佛要在这里寻找十八年以前的遥远的旧梦。

守门的卫兵用怀疑的眼光看我。他不了解我的心情。他不会认识十八年前的年轻人。他却用眼光驱逐一个人的许多亲密的回忆。

黑暗来了。我的眼睛失掉了一切。于是大门内亮起了灯光。灯光并不曾照亮什么，反而增加了我心上的黑暗。我只得失望地走了。我向着来时的路回去。已经走了四五步，我忽然掉转头，再看那个建筑物。依旧是阴暗中的一线微光。我好像看见一个盛满希望的水碗一下子就落在地上打碎了一般，我痛苦地在心里叫起来。在这条被夜幕覆盖着的近代城市的静寂的街中，我仿佛看见了哈立希岛上的灯光。那应该是姐姐爱尔克点的灯吧。她用这灯光来给她航海的兄弟照路，每夜每夜灯光亮在她的窗前，她一直到死都在等待——那个出远门的兄弟回来。最后她带着失望进入坟墓。

街道仍然是清静的。忽然一个熟悉的声音在我耳边轻轻地唱起了这个欧洲的古传说。在这里不会有人歌咏这样的故事。应该是书本在我心上留下的影响。但是这个时候我想起了自己的事情。

十八年前在一个春天的早晨，我离开这个城市、这条街的时候，我也曾有一个姐姐，也曾答应过有一天回来看她，跟她谈一些外面的事情。我相信自己的诺言。那时我的姐姐还是一个出阁才只一个多月的新嫁娘，都说她有一个性情温良的丈夫，因此也会有长久的幸福的岁月。

然而人的安排终于被"偶然"破坏了。这应该是一个"意外"。但是这"意外"却毫无怜悯地打击了年轻的心。我离家不过一年半光景，就接到了姐姐的死讯。我的哥哥用了颤抖的哭诉的笔叙说一个善良女性的悲惨的结局，还说起她死后受到的冷落的待遇。从此那个做过她丈夫的所谓温良的人改变了，他往一条丧失人性的路走去。他想往上爬，结果却不停地向下面落，终于到了用鸦片烟延续生命的地步。对于姐姐，她生前我没有好好地爱过她，死后也不曾做过一样纪念她的事。她寂寞地活着，寂寞地死去。死带走了她的一切，这就是在我们那个地方的旧式女子的命运。

我在外面一直跑了十八年。我从没有向人谈过我的姐姐。只有偶尔在梦里我看见了爱尔克的灯光。一年前在上海我常常睁起眼睛做梦。我望着远远的在窗前发亮的灯，我面前横着一片大海，灯光在呼唤我，我恨不得腋下生出翅膀，即刻飞到那边去。沉重的梦压住我的心灵，我好像在跟许多无形的魔鬼手挣扎。我望着那灯光，路是那么远，我又没有翅膀。我只有一个渴望：飞！飞！那些熬煎着心的日子！那些可怕的梦魇！

但是我终于出来了。我越过那堆积着像山一样的十八年的长岁月，回到了生我养我而且让我刻印了无数儿时回忆的地方。我走了很多的路。

十九年，似乎一切全变了，又似乎都没有改变。死了许多人，毁了许多家。许多可爱的生命葬入黄土。接着又有许多新的人继续扮演不必要的悲剧。浪费，浪费，还是那许多不必要的浪费——生命，精力，感情，财富，甚至欢笑和眼泪。我去的时候是这样，回来时看见的还是一样的情形。关在这个小圈子里，我禁不住几次问我自己：难道这十八年全是白费的？难道在这许多年中间所改变的就只是装束和名词？我痛苦地搓自己的手，不敢给一个回答。

在这个我永不能忘记的城市里，我度过了无数个傍晚。我花费了自己不少的眼泪和欢笑，也消耗了别人不少的眼泪和欢笑。我匆匆地来，也将匆匆地去。用留恋的眼光看我出生的房屋，这应该是最后的一次了。我的心似乎想在那里寻觅什么。但是我所要的东西绝不会在那里找到。我不会像我的一个姑母或者嫂嫂，设法进到那所已经易了几个主人的公馆，对着园中的老树垂泪，慨叹着一个家族的盛衰。摘吃自己栽种的树上的苦果，这是一个人的本分。我没有跟着那些人走一条路，我当然在这里找不到自己的脚迹。几次走过这个地方，我所看见的还只有那四个字："长宜子孙"。

"长宜子孙"这四个字的年龄比我的不知大了多少。这也该是我祖父留下的东西吧。最近在家里我还读到他的遗嘱。他用空空两手造就了一份家业。到临死还周到地为儿孙安排了舒适的生活。他叮嘱后人保留着他修建的房屋 和他辛苦地搜集起来的书画。但是儿孙们回答他的还是同样的字：分和卖。我很奇怪，为什么这样聪明的老人还不明白一个浅显的道理：财富并不"长宜子孙"，倘使不给他们一个生活技能，不向他们指示一条生活道路？"家"这个小圈子只能摧毁年轻心灵的发育成长，倘使不同时让他们睁起眼睛去看广大世界；财富只能毁灭崇高的理想和善良的气质，要是它只消耗在个人的利益上面。

"长宜子孙"，我恨不能削去这四个字！许多可爱的年轻生命被摧践了，许多有为的年轻心灵被囚禁了。许多人在这个小圈子里面憔悴地捱着日子。这就是"家"！"甜蜜的家"！这不是我应该来的地方。爱尔克的灯光不会把我引到这里来的。

于是在一个春天的早晨，依旧是十八年前的那些人把我送到门口，这里面少了几个，也多了几个。还是和那次一样，看不见我姐姐的影子，那次是我没有等待她，这次是我找不到她的坟墓。一个叔父和一个堂兄弟到车站送我，十八年前他们也送过我一段路程。

我高兴地来，痛苦地去。汽车离站时我心里的确充满了留恋。但是清晨的微风，路上的尘土，马达的叫吼，车轮的滚动，和广大田野里一片盛开的菜子花，这一切驱散了我的离愁。我不顾同行者的劝告，把头伸到车窗外面，去呼吸广大天幕下的新鲜空气。我很高兴，自己又一次离开了狭小的家，走向广大的世界中去！

忽然在前面田野里一片绿的蚕豆和黄的菜花中间，我仿佛又看见了一线光，一个亮，这还是我常常看见的灯光。这不会是爱尔克的灯里照出来的，我那个可怜的姐姐已经死去了。这一定是我的心灵的灯，它永远给我指示我应该走的路。

在我们周围的很多家长总是在考虑如何为儿女留下更多的物质财富，希望下一代不至于受苦，正是这种家长的不断增多才使得"富二代"劣迹斑斑。可见，安逸的生活更容易给孩子带来害处。

林则徐曾经说："子孙若如我，留钱做什么？贤而多财，则损其志；子孙不如我，留钱做什么？愚而多财，益增其过。"因此，家长不应当过多考虑为孩子留下有形资产，无形资产更重要。

古人云：良田万顷，日食一升；广厦千间，夜眠七尺。有形的财富有时只是过眼烟云，无形的资产才能达到永恒。而人才就是一个家庭的无形资产，更是一个国家的宝贵财富。因此，当一个家庭有了健康向上的孩子，父母就有了一生享用不尽的财富。当然，家长也应当想办法让孩子拥有知识和技能。因为知识和技能是一个人一生的财富。